Stéphane De Groodt

En mémoire de mes souvenirs

récit

Éditions de L'Observatoire

ISBN : 979-10-329-2234-7
Dépôt légal : 2025, octobre

170 *bis*, boulevard du Montparnasse, 75014 Paris

À toi ma maman, je dédie ce livre.

À la vie que tu m'as donnée
et à celles dont je me suis emparé.

À Zélie et Ninon.

« Nul ne peut atteindre l'aube sans passer par le chemin de la nuit. »

Khalil Gibran

En mémoire de mes souvenirs

Avant-propos

En réalité, je n'aurai été ni un grand pilote de course, ni un grand comédien, ni un grand auteur... un grand de rien, mais cependant grand de tout. Je veux dire grandi de toutes ces choses aussi diverses que passionnantes que j'ai entreprises au cours de ma vie. Celle qui coule telle une rivière, ou un torrent selon les cascades franchies et les escales que j'ai pu aménager dans les ruelles de mon existence.

J'ai choisi la passion des choses plutôt que d'une seule. Comme celle d'avoir goûté aux victoires, aux défaites et à l'excitation des circuits, temples de la vitesse et d'une vie d'avant. Ou comme ces émotions vécues plus récemment sur les plateaux de cinéma, les planches de théâtre ou encore les studios de télévision. Ces lieux furent des points de rencontre infinis avec des gens de toutes natures qui écrivent, qui imaginent, qui jouent, qui réalisent, mais surtout qui créent.

Qui vous écrivent, qui vous imaginent, qui vous font jouer, et qui parfois vous aident à vous réaliser.

Lorsque je vois ces acteurs très accomplis et ces pilotes exceptionnels, je me dis que je n'aurais pas eu la capacité d'endosser leurs habits de talent car il faut une concentration d'éléments et une convergence d'énergie pour nourrir une telle destinée. Il faut y mettre toutes ses ressources pour parvenir à exceller, et être parmi les meilleurs.

Ce n'était pas mon cas. Non pas du fait des aléas de la vie, non, mais par choix de vouloir tout faire, tout vivre, tout goûter, comme ce buffet qui nous est offert par l'existence. Et avec ses plats à la diversité gourmande, j'ai eu le sentiment d'être comme un peintre du dimanche qui aurait travaillé toute la semaine.

Pour m'être projeté dans ce qui allait advenir, sans savoir véritablement ce qu'il adviendrait, sans cesse en quête d'une nouvelle montagne à gravir, à me gaver de projets aussi divers que variés, ou avariés même parfois, j'ai comme cette impression d'avoir vécu mille vies.

Aujourd'hui encore je ne suis rassasié de rien, et mon envie est intacte à l'idée de goûter à ces autres plats fumants. Boulimique sans doute, mais en mouvement surtout, car ce déplacement du corps, de l'esprit et de son imagination est pour moi la définition même de la vie. D'une certaine idée que je me fais de la jeunesse aussi, car il n'y a pas d'âge pour devenir vieux. Si ce n'est celui de l'immobilisme.

À ne plus se projeter, à ne plus envisager, s'envisager, s'imaginer, tenter de conquérir, ne fût-ce que soi-même, alors le crépuscule devient la seule lumière de nos lendemains.

Avant-propos

Je les vois mes amis qui envisagent de ralentir, de s'arrêter parfois. Je me dis qu'à ne plus vouloir bouger, ils sont décidément bien trop jeunes pour devenir vieux.

Ces quelques mots en guise de bienvenue dans l'histoire de mon histoire sont le préambule à ces autres que je suis allé chercher dans les souvenirs de ma mémoire. Avant peut-être de nourrir encore cette mémoire de souvenirs avenirs…

J'espère que cet inventaire vous plaira, car je l'aime bien, moi, cette aventure de vie. D'autant que j'ai la faiblesse de croire que chaque jour en est une nouvelle, avec ses promesses de conquêtes et d'éternels recommencements.

Alors à la vie !
Et à la vôtre, je lève mes vers…

Parler de sa vie, de la mienne en l'occurrence.

Pour quoi faire, pour qui… Si c'est pour moi, je sais bien ce qu'il s'est passé. Alors au nom de quoi devrais-je me refaire le film si c'est pour m'écouter écrire et m'entendre lire par mes propres soins ce que j'ai vécu ?…

Pas d'automédication, non, il ne s'agit pas de thérapie ou même d'égothérapie… Je n'ai d'ailleurs jamais voulu entamer ce processus, de peur de découvrir peut-être l'architecture fragile de mon édifice qui semble posé sur des fondations relatives et une formation qui tient plus de la déformation.

Et que dire de cette grammaire au langage qui langage que moi, flanquée de cette conjugaison que je conjure plus que de raison ?… Ou de ce rapport aux autres auquel j'ai tenté d'apporter le plus de connexions possibles sans avoir toujours le bon signal, avec pour conséquence cette sociabilité qui me faisait défaut car je n'avais pas les clés pour ouvrir la porte de l'autre. À moins que ce ne fût la mienne que je ne parvenais à pas ouvrir de l'intérieur…

Autant d'arguments pour éviter d'écrire la moindre ligne à mon sujet.

D'autant qu'avec ce métier public, où pudique pour certains, il y eut déjà bien assez de papiers noircis sur ma pomme pour me raconter et m'éplucher plus en détail. Quelle prétention de ma part de penser que je vous satisferais en vous contant mes contentements et mes désillusions.

Mais alors pourquoi ce livre ?

Je vais éviter de me poser la question et tenter de me poser les bonnes réponses en vous racontant un souvenir, une anecdote, une rencontre, un bonheur, un élément cueilli ici et là sur la terre fertile de mon champ de vie. Faire part de ce qui m'a été donné de vivre, et le faire avant d'entamer ce qu'il reste de temps. Ou même de tant, car c'est bien la quantité qui m'importe aussi, peut-être même surtout !

Sur tout et de tout… La gourmandise sans doute.

Trouver la bonne équation entre ce temps passé et celui à venir, ce temps avenir… les mots parlent d'eux-mêmes. Encore faut-il les dresser les uns contre les autres, tout contre… les adresser, les caresser dans le sens, non pas du poil, mais de la plume. Voilà ce qu'il me faut faire une fois imaginés, triés, sélectionnés et choyés.

Ces mots enfin posés deviendront alors autant d'ingrédients pour détailler par le menu le récit de mon histoire que je pourrai livrer dans ce livre, comme on sert un plat de résistance… auquel je n'ai donc pas résisté. Mais avant de passer à table et de soulever la cloche, il s'agit de respirer fortement et de prendre une grande inspiration pour enfin jeter l'encre. Et si ce n'est pas une question d'air, il ne faut pas en manquer pour coucher avec ses majuscules dans des draps de papier.

Alors afin de ne pas remettre à plus tard ce que je pourrais faire encore plus tard… je vais cesser de tourner autour de ce pot, le saisir à pleines mains et le considérer comme un symbole. Porté bien haut telle une coupe pas encore pleine, et encore moins vidée, il sera mon pot de départ, du moins celui du début, par lequel je souhaite la bienvenue à ces premières pages.

I

Ce début ne sous-entend pas que je vais m'étendre sur les prémices de mon existence. Je vous fais grâce pour l'instant de mes premières larmes coulées à l'âge des premières armes, celles du nouveau-né fraîchement débarqué sur cette boule bleue, et qu'il doit déployer pour se battre et gagner ses petites batailles.

Je vous propose de revenir peut-être plus tard sur ce plus tôt qui fit de moi ce que je fus et ce qu'il advint. Car oui, je crois à cette période de l'enfance qui fait de nous une partie du fondement de notre être le plus intime. Ces fondations sur lesquelles viendront se poser les éléments de construction, ou de déconstruction, à même d'ériger notre édifice.

Dès l'adolescence je fus cet ado-laissant sa prime jeunesse de côté, et avec elle une insouciance confortable. Elle fit place à un certain nombre de certitudes qui venaient alors embrumer un esprit déjà bien confus par sa manière de fonctionner… ou de « dysfonctionner ». Ce jeune homme que je fus donc avait acquis au moins la certitude du « tout est possible ». Oser, réaliser, rêver devenaient un trio de verbes qui n'allait plus me quitter.

Comme des mousquetaires ou des mousquetons utiles à l'escalade de ces montagnes d'envies.

En vie… le mot est joli.

Selon les règles de la société, établies par des gens raisonnés et du coup irraisonnables, très vite j'ai réalisé qu'il me faudrait aller à l'école. Que je ne pourrais pas échapper à intégrer un endroit où j'allais devoir apprendre la leçon, et où les leçons seraient un devoir. Un programme particulièrement réjouissant pour quelqu'un qui avait conscience que sa capacité de concentration n'excédait pas les quatre minutes.

C'est ainsi que j'abordai le cycle scolaire avec une appréhension qui ressemblait davantage à une prédiction. Il était certain que j'allais me planter. Ceci dit abruptement… mais avec l'idée que si je me plantais, ce n'était pas bien grave car j'allais forcément repousser. Qu'en réalité j'étais une graine qui, bien arrosée par ses rêves les plus ambitieux, allait trouver sa destinée et pousser tel le chêne. Que du gland allait jaillir un arbre capable de draguer les cimes les plus hautes, ou du moins les plus ambitieuses.

Dire alors que j'ai couru après mes études est un euphémisme. Mais de course il fut cependant question, car si j'ai couru notamment après les petits boulots, j'ai surtout voulu courir après le temps, du moins après le chrono, moins sage que chronophage, et maître des horloges des circuits automobiles.

Si j'étais loin d'imaginer que je courrais un jour après les mots, j'étais convaincu que je serais pilote de course.

Pour être plus précis, j'étais convaincu de ma conviction... un peu moins du talent à pouvoir monter sur la plus haute marche. Car pour gravir cet Everest, outre le don très particulier de pouvoir défier le temps, il faut être très jeune pour aborder les premières trajectoires de cette destinée. Je ne l'étais plus... du moins pas assez pour envisager sérieusement de devenir un grand champion. D'autant que j'étais animé par un autre désir fort, celui de devenir acteur, et peut-être aussi pompier et pourquoi pas astronaute ou chanteur d'opéra.

C'est donc dans ce magma d'ambitions confuses que je devais tracer ma route. Choisir une direction afin d'aménager ma vie. Choisir... voilà le problème.

Elle est tellement juste cette maxime qui sous-entend que le choix est un renoncement.

Il m'était donc impossible de renoncer à ces rêves qui se bousculaient dans ma tête. Il me fallait tout prendre, embrasser tous ces possibles, au grand désarroi de ma mère, qui nourrissait son rêve à elle de me voir sur les bancs de l'université à décrocher, pourquoi pas, le droit de devenir avocat.

J'adore les avocats. Que ce soit les grosses légumes, ces ténors des tribunaux, ou alors simplement le fruit, agrémenté de quelques gouttes de citron vert. Mais est-ce bien le sujet ?

Bien sûr que oui. Nous y sommes dans cette digression qui me fait passer de la course à la scène, du fruit au légume, d'une idée à une autre.

Cette idée de vouloir tout faire, du moins penser qu'il m'était autorisé à penser que je pourrais être pilote et comédien me fut venue par ces gens qui animent un destin. Ces êtres qui nourrissent le vôtre, qui l'alimentent en le remplissant d'espoir et d'envie, et qui attisent vos convictions.

Ils sont quelques-uns à avoir soufflé dans les voiles de mes aspirations.

À border ainsi les ambitions de mon esquif, j'ai pu naviguer sur ces mers aux horizons proches et à la ligne claire. À surfer sur de vagues doutes qui n'ont eu de cesse de me faire avancer. Car il me fallait lever ces interrogations en allant toujours de l'avant, aidé en cela par cet élément fondamental qui fait la vie : le mouvement.

Ces courroies de transmission – qui vous disent sûrement quelque chose – furent Louis de Funès, Jacques Brel, Jean-Louis Trintignant, Jacky Ickx, et peut-être aussi Gilles Villeneuve.

Et puis il y eut également ceux qui ne vous disent probablement rien mais qui furent bavards avec moi. Mon beau-père Jean Rodhain, qui n'était pas sculpteur, mais qui pensait beaucoup…

Et puis aussi Rudy Bogaerts, professeur d'école privée, qui fut le premier à me faire aimer les sciences et les mathématiques, la grammaire et la conjugaison. Qui me donna l'envie d'avoir envie d'apprendre. Comme Jean, que je voyais le soir à la maison, plongé dans son microscope à déchiffrer l'ampleur de la maladie de ces enfants atteints de leucémie. Il était chercheur, et grâce à lui j'ai trouvé de l'or dans la rivière de mon inconscient.

Louis de Funès me fit comprendre que l'humour était une arme de construction massive. Elle permettait de toucher l'autre, de le faire mourir… de rire. Cette émotion provoquée devenait alors un moyen d'exister, et surtout, de se faire aimer des autres.

Jusqu'alors, je ne me sentais pas forcément aimé de mon prochain, du suivant non plus d'ailleurs… J'avais une dizaine d'années, et j'habitais dans un corps bien trop gros et gras pour le rendre aimable auprès de mes copains d'école. J'en arrivai à envier ce Louis, qui n'était pas d'or mais d'art, et qui était le sujet de conversation dans la cour de récré au lendemain d'une *Grande Vadrouille*, d'un *Rabbi Jacob*, ou encore d'une *Folie des grandeurs* diffusée la veille.

Tout le monde refaisait le film et les mimiques qui firent la gloire de cet acteur hors normes. Il était aimé, adulé, respecté pour cette chose si précieuse qu'il nous offrait : le rire. Je me mis alors à observer plus franchement sa manière de faire en regardant encore et encore ses films. Au point de lui emprunter des tics de jeu qui me poursuivent toujours aujourd'hui.

Et si ce n'était pas Louis, c'était moi… qui parvenais enfin à provoquer un sourire ou un rire auprès de mes copains. À partir de là je compris que j'aurais autant le besoin que l'envie de faire rire, du moins d'essayer. De là est né, je crois, mon désir de devenir comédien.

Mais alors pourquoi le sport automobile ?

Mon père, qui travaillait chez Texaco, m'emmena sur le circuit de Zolder pour voir les Formule 1 rouler aux couleurs de ce pétrolier américain. James Hunt, qui était un grand champion, pilotait l'une d'entre elles, et je fus très impressionné par l'ambiance qui régnait dans cet univers si particulier que je découvrais pour la première fois. Le bruit des bolides et l'odeur qui s'en dégageait me procurèrent un plaisir que je n'avais jamais rencontré auparavant.

Des moteurs hurlants à vous éclater les tympans, et des effluves d'essences à vous broyer le nez, n'ont rien de particulier pour séduire nos sens mis à rude épreuve, mais c'est précisément cela qui m'interpellait. Tout était excessif. Hors norme. Exceptionnel.

Trop de monde, trop de bruit, trop de vitesse… ce trop de trop augurait de mon goût pour l'excès. Comme si c'était au bord de la falaise et non au milieu de la montagne qu'allait se situer mon plaisir.

Je découvrais le danger, la notion du risque. Je comprenais ce qu'était un enjeu. Qu'il fallait se risquer à vivre sa vie, car il n'y a rien à gagner si on ne prend pas le risque de la perdre.

Un événement dramatique vint me conforter dans cette réflexion. C'est en effet la mort d'un homme qui donna vie à mon envie de caresser de près ces chevaux, et de rêver d'un jour les dompter derrière un volant.

Le pilote canadien Gilles Villeneuve allait trouver la mort sur ce même circuit découvert auparavant avec mon père. Lorsque je vis les images de sa voiture décoller sur la roue d'un concurrent, et découvris ensuite le corps projeté du pilote inanimé au pied des barrières de sécurité, j'eus le sentiment de voir un chevalier des temps modernes mourir au combat. Les journaux faisaient leur une en le célébrant comme un héros.

Cette flamboyance mit le feu à mes ambitions de devenir moi aussi pilote de course. Il faut dire que ces cavaliers du temps ont de la gueule à braver le danger avec leur casque et leur combinaison. Elles sont comme des habits de lumière, comme ces costumes endossés par les acteurs…

Mais alors, j'aimais le pilote qui ressemblait à l'acteur jouant sa vie sur la scène de ses exploits, ou le comédien qui jouait à piloter ses émotions au gré des tournages ? Les deux bien sûr ! C'est ainsi que je me mis en tête de devenir pilote et comédien.

Et pourquoi pas ?…

L'un et l'autre ne livrent-ils pas un spectacle sur la scène ou sur la piste, devant un public assis dans des tribunes ou un théâtre ? Le masque de Zorro ne serait-il pas le casque de Fangio ? Un feu qui passe au vert ou un rideau qui se lève n'auraient-ils pas les mêmes vertus pour les abreuver tous deux d'adrénaline ? Et les moteurs des circuits ne se confondent-ils pas avec les « moteurs » des tournages ?

Pour me conforter dans l'idée que je pouvais suivre ces voies et ces issues, je prenais quelques destins en exemple. Et non des moindres… Paul Newman, Steve McQueen, et bien sûr Jean-Louis Trintignant… J'étais fasciné par la destinée de ces hommes qui n'avaient pas choisi entre la course et le cinéma, mais qui avaient choisi la course et le cinéma ! Qui avaient décidé d'additionner leurs rêves plutôt que de les soustraire à la raison.

C'est ainsi que Jean-Louis Trintignant devint pour moi le héros d'une enfance qui ne demandait qu'à suivre l'étoile, comme les toiles de maîtres et leurs desseins. Il fut mon berger, mais je ne fus pas pour autant un mouton à respecter la marche à suivre pour y arriver. Tout simplement parce qu'il n'y a pas de mode d'emploi, de voie tracée, de cursus établi. Les seuls outils dont il faut s'équiper sont la motivation, l'énergie, la passion, et l'envie absolue de gravir des montagnes sans véritable sommet.

Cette hauteur nous est offerte par l'expérience du chemin à parcourir.

Chercher ses appuis, perdre pied et se demander où le poser ailleurs pour monter d'un cran et avancer encore en regardant vers le haut. Se hisser à la mesure de ses promesses, à la hauteur de ses rêves, même les plus improbables. Au risque de se perdre, car les chemins de traverse sont comme ces cours d'eau qui nous mènent là-bas. Y croire toujours, car là-bas c'est déjà quelque part. C'est alors que l'on comprend que la marche elle-même, la quête, est déjà une victoire sur soi.

La Quête…

Rien que de l'écrire, et me voilà prêt à me lever pour aller quelque part.

II

Je dois l'existence de cet ailleurs à Jacques Brel, qui chanta cette quête dans *L'Homme de la Mancha*... *« Rêver un impossible rêve [...] / Partir où personne ne part / Aimer, jusqu'à la déchirure / Aimer, même trop, même mal [...] / Telle est ma quête / Suivre l'étoile »...*

C'est toujours Jean, ce très beau-père, qui me glissa un trente-trois-tours de Brel dans les mains, et à l'écoute de ses chansons, je compris que c'était le poète qui me jouait des tours. Comme un magicien, il venait de faire apparaître à mes yeux une manière de penser, de me mouvoir, de me considérer, de me projeter dans la vie comme dans la mort. Il me faisait comprendre qu'il nous fallait gagner notre vie pour ne pas la perdre.

Je ne connais guère les philosophes romains ou germanopratins mais, avec ce poète des maux, j'avais l'impression d'intégrer une somme de philo à chaque syllabe qu'il composait. Ses chansons m'offraient de chanter l'instant comme autant de moments à vivre. C'est par sa prose et la force d'une âme en quête de sens que j'ai voulu me lever, toujours, pour ne pas rester immobile.

Alors depuis, peut-être que si je fais le Jacques, c'est en partie grâce à lui…

Aujourd'hui encore je voue un culte, sans doute irraisonné, à ce Belge qui a fait rayonner notre petit royaume bien au-dessus de ce ciel si bas comme il l'enchantait si bien. C'est vrai qu'ils ne sont pas bien hauts, nos nuages, mais c'est peut-être pour cela que nous puisons une force inversement proportionnelle à notre grandeur. Pour aller chercher la lumière au-delà. Notre devise n'est-elle pas « l'union fait la force » ?… ou la farce, par notre surréalisme.

Chez nous, point de « star-system », nous marchons tête baissée avec nos idées hautes et nos idéaux. Cela nous rend plus imperméables à la critique et moins sensibles aux regards inquisiteurs. Alors nous faisons les choses peut-être plus librement, sans nous soucier de ce qu'il y a à penser.

Serait-ce cela, « l'esprit belge » souvent commenté et de plus en plus apprécié ? Il est vrai que depuis l'avènement de Poelvoorde ou des frères Dardenne à Cannes, le Belge est à la mode. D'ailleurs, à mes amis français qui me demandent ce qu'est un Belge, j'ai tendance à leur répondre que c'est un Français qui a réussi… Au point de faire oublier les blagues pesantes d'alors, contées par Coluche ou Desproges.

Notre petit État est devenu en quelques années un État d'esprits. Voisin de la France, notre grande sœur, il s'est affranchi d'un complexe assez simple, celui de n'être que le petit frère justement.

Je suis l'enfant de cela. Faire, sans trop me soucier de savoir si c'est bien ou pas bien. À partir du moment où les choses sont faites sincèrement, je pense qu'elles sont bien déjà, avant d'espérer qu'elles soient mieux encore.

C'est comme ça que je fonctionne, en prenant le risque d'échouer. Animé par l'impression que tout m'est permis et qu'il n'y a aucune raison de ne pas décrocher la lune. Alors si je dois échouer dans ces élans, la belle affaire, car échouer sous-entend que j'aurai essayé. À l'inverse de l'échec, qui sonne comme un constat définitif. Et même si c'est agréable les échecs… encore faut-il en jouer, les mettre en joue, les défier, car l'échec n'est rien d'autre qu'une réussite qui a mal tourné. Il nous oblige alors à recommencer, incite à réfléchir, à se demander comment faire autrement, à trouver les questions aux réponses que l'on se pose…

Je m'en suis posé, des questions… mon Dieu ! Quant aux réponses… nous passons notre vie à écrire notre propre dictionnaire. À définir les mots qui jalonnent notre existence et à leur trouver un sens nouveau.

Je suis convaincu qu'il est essentiel de fonctionner de la sorte, de bousculer l'ordre établi, non pas pour le détruire, juste pour l'éveiller en recherchant la chose que l'on estime la plus juste. En affirmant ce que l'on est plutôt que de s'enfermer dans ce que les autres aimeraient que l'on soit.

Encore faut-il savoir qui on est…

J'ai mis longtemps à essayer de comprendre. À deviner comment fonctionnaient les rouages de mon instrument. Je n'ai toujours pas les réponses… Alors je continuerai d'aller au bout de moi-même, au risque de me rendre compte qu'il n'y a personne. Mais le simple fait d'y aller, d'être toujours en quête de quelque chose m'apparaît comme la définition de l'espoir. Alors je fais et je refais la route, de tous les sens, qu'ils soient uniques ou interdits, en me confrontant à l'autre, donc à moi, avec l'idée que cela m'aidera à dessiner les contours de ce que je suis.

A contrario de Jean-Paul, qui considère que « l'enfer c'est les autres ». Mais à considérer un manque de flamme envers soi, l'enfer serait plutôt nous-même, l'autre étant le révélateur de ce que nous sommes, pour le meilleur mais aussi le pire. À l'instar du noir et du blanc qui font leur cinéma ou du clown blanc et de l'auguste qui font leur cirque, les oppositions deviennent les compléments utiles à notre réalisation…

Sans haut, point de bas, sans mensonges, point de vérités. Sans l'autre, point de soi.

Seul habitant d'une île désertée de tout regard porté sur nous, comment penser que nous sommes grands, forts et intelligents ?

Qui d'autre que nous pour croire en notre capacité à faire rire, à faire le bien, le mal, l'amour et toute autre chose que seule la présence de l'autre à nos côtés révèle par un simple regard posé sur les contours de nous-même ?…

En mémoire de mes souvenirs

Vivre l'autre et s'y confronter nous révèle, nous élève et enlève quelques-unes de nos aspérités encombrantes, ou alors alourdit davantage encore le poids de nos travers… Avec cet autre, le couple fait de nous des autres. Nous ne serions pas grand-chose sans ces choses du quotidien révélées par le geste de celui ou de celle qui veille.

Le geste, il est là encore, dans l'expression du mouvement…

Le mouvement, toujours, comme l'aiguille de l'horloge, comme le cycliste qui pédale pour ne pas tomber. Il viendra bien un jour le temps de l'arrêt. Alors dansons avant qu'il ne soit trop tôt ou trop tard.

Mais dansons surtout, à tous les temps.

III

Je crois que ce sont nos actes qui nous définissent le mieux. Et comme je ne faisais pas grand-chose à l'époque, j'avais donc l'impression de n'être pas beaucoup plus que pas assez.

Un paradoxe assez particulier accompagnait chacune de mes tentatives d'agissement. Si j'étais habité par de fortes convictions, un manque cruel de confiance en moi me faisait fonctionner à l'arrêt. J'étais empêché par une série de complexes qui n'avaient pas de nom. Alors je couchais sur papier de premières bribes de phrases afin d'exprimer quelque chose. Comme une porte d'entrée dans un monde dont je ne voyais pas l'issue.

Par cet exercice j'entamais une correspondance avec moi-même. J'étais mon ami, et je savais que je pourrais compter sur moi pour m'en sortir. Je me convoquais souvent, je nourrissais un dialogue de moi à moi afin d'évaluer cette manière d'être qui me semblait en décalage avec mon environnement car j'avais l'impression de penser de biais et de voir les choses de travers, autrement. Que les choses tournaient à l'envers et contre tous…

Cette période était douloureuse car si je comprenais ce que je ne comprenais pas, je ne comprenais pas ce qu'il y avait à comprendre. Vous me suivez ?...

Bien plus tard, l'adulte que je devins compris que les difficultés de cet enfant d'alors avaient un nom... la dyslexie. Que ce petit caillou, logé dans des choses-sûres en apparence, avait été une montagne à franchir, une pierre à tailler pour en faire un bijou.

C'est ainsi qu'avec le temps, je me mis à accepter cette manière de marcher, de boiter de l'intérieur et d'observer le monde sous un autre prisme. Ce problème devint au fil du temps un atout, une aspérité qui allait devenir mon compagnon de route.

Ce petit truc en moins, allait devenir un gros truc en plus.

Peut-être est-ce pour cela que Canal, qui avait aussi ce truc en +, fit appel à moi... Mais j'y reviendrai, car avant de vivre cette aventure sur cette chaîne qui m'a aidé à me décrypter, il y eut d'autres vies...

J'en étais donc à désespérer ma mère de toutes velléités scolaires. Mes arguments étaient implacables car le cycle d'études secondaires se résumait ainsi... première année je double, deuxième année je double, troisième année je triple... Au casino j'aurais fait sauter la banque, mais dans ce cas-ci c'était plutôt la banqueroute. Si bien qu'au terme de ce désastre je n'avais toujours pas le brevet.

À quoi bon, puisque je me destinais à la course et à la comédie ?…

À la demande de ma mère – relativement patiente –, j'entamais alors la tournée des écoles comme on fait la tournée des bars. La première visite dans un institut privé se solda par un échec cuisant. Oui, je dis « visite » car je n'y suis resté que quelques jours, à moins que ce ne fût quelques heures…

S'ensuivirent une deuxième, une troisième, puis une quatrième école, avec ce même constat accablant que j'étais un formidable cancre, incapable d'étudier. Pour ma défense, je ne parvenais pas à me concentrer plus de quatre minutes sur le moindre sujet abordé, ce qui est peu… Au-delà de cette limite, mon esprit prenait quelques libertés pour s'autoriser à voyager dans bien des ailleurs.

Cette aversion pour la théorie et mon goût du voyage me poursuivent encore aujourd'hui, et il n'est pas rare qu'après quelques instants d'échanges avec mon interlocuteur, je m'imagine au fin fond de l'Alaska, ou sur le dos de la Grande Ourse à chasser le kangourou.

J'ai cru l'espace d'un instant que j'allais rester sur les bancs de cette école de publicité dont j'adorais l'univers et pour lequel j'aurais pu nourrir quelques ambitions, mais plutôt que d'y passer les trois ans requis pour décrocher un diplôme, je me contentai d'y rester trois mois. Certes enrichissants, mais pas assez pour faire de moi un jeune Séguéla en puissance.

Comme une force intranquille, et conditonné par cette idée que la vie était pour moi une école sans portes ni fenêtres, j'avais fait des classes de cours une salle de spectacle où je prenais les profs de court. Comme cette envie de toujours bousculer les choses, de modifier l'ordre établi pour l'adapter à ma main. Ce qui se vérifiera plus tard lors de mes premiers pas au cinéma, à faire venir le rôle à moi plutôt que l'inverse. On y reviendra.

Ou pas… Enfin pour ceux qui seront toujours là.

Pendant que j'élaborais le guide Michelin des écoles, je développais un certain nombre de choses en vue d'éventuellement pouvoir gagner ma vie… Car en l'état, j'avais bien de la chance de pouvoir compter sur la générosité de ma mère, encore elle, pour subvenir à mes besoins.

À défaut de mes envies…

Je salue ici la mémoire de mon grand-père Emeric Kroch, qui avait le génie des affaires, et dont la réussite permettait à ma famille de vivre confortablement.

Cependant, il était hors de question pour moi d'envisager dépendre de ce confort matériel qui m'était offert. Comme lui, mon « papy Kroch », je commençai à élaborer des idées susceptibles d'alimenter un compte dont mon banquier serait tout aussi fier que moi. Mais sans aucune formation, vouloir prétendre aux mêmes destinées que mon illustre aïeul, qui était ingénieur chimiste, était relativement illusoire.

Et puis surtout, je voulais être pilote et comédien, je ne sais pas si je vous l'ai déjà dit…

Mais ni ceci ni cela ne m'empêcha nullement d'imaginer une quantité d'idées aussi nulles que formidables. Et ça continue encore aujourd'hui !

Le premier projet que je me mis en tête de développer fut dans le domaine culinaire. Ma mère passait sa vie à faire à manger, et au vu de mon poids, elle m'avait semble-t-il désigné comme goûteur officiel de la maison. Si j'ai perdu ce statut en même temps que mes kilos, j'ai gardé cette passion immodérée pour la cuisine.

J'aime autant manger que faire à manger, et c'est ainsi que je me mis en tête de fabriquer des raviolis maison, pâte et farce, s'il vous plaît… et de les vendre dans quelques restaurants de Bruxelles. Je vous parle d'une initiative élaborée quelques semaines avant d'intégrer l'école privée de Rudy Bogaerts. Il s'agissait d'un ultime essai avant de conclure à mon incapacité d'étudier les aventures de Charlemagne, de savoir ce qu'était un adverbe, ou de calculer la racine carrée d'un cercle polaire.

La vente desdits raviolis était destinée à financer un stage de pilotage à l'école Avia La Châtre en Formule 3. Je m'appliquais donc à éclater la cuisine de ma mère en retapissant les murs avec une couche de plus en plus épaisse de farine.

Plus je vendais de raviolis, moins l'on distinguait la nature originelle des lieux.

C'est donc en fabricant de pâtes artisanales que je commençai mes premiers cours chez Bogaerts.

Comme je vous l'ai dit, j'ai été saisi par la méthode employée par ce professeur qui avait une manière d'enseigner absolument extraordinaire. Je me découvrais enfin une passion pour les équations et le subjonctif du passé qui se recomposait jour après jour. Je commençais à entrevoir la possibilité de devenir un grand avocat, un ingénieur chimiste, un chef d'entreprise qui allait racheter les plus grandes marques de pâtes, et m'offrir ainsi un team de Formule 1 et probablement aussi un théâtre.

Seule ombre à ce tableau, que j'avais plaisir désormais à voir noirci par mon professeur, je ne parvenais pas à concilier mes activités alimentaires avec les horaires réclamés par une présence sérieuse en classe. Alors que j'étais bien à l'heure aux premiers jours de cette aventure scolaire, je commençai à déroger à cette règle en arrivant de plus en plus tard. Trop tard… car je devais livrer mes clients dans la matinée. Commencer les cours à midi ne semblait pas compatible avec l'école, ni même le fait d'arriver en classe recouvert de farine, totalement assorti désormais avec les murs de ce que fut la cuisine de ma mère…

Si Bogaerts semblait me prendre pour un narcotrafiquant, je le rassurai en lui précisant que je n'étais que dealer de raviolis…

Il ne goûtait que très peu à ce qu'il considérait comme une activité incompatible avec l'organisation de son enseignement, et me mit alors devant un choix radical. Arrêter les cours pour me permettre de me concentrer sur mes pâtes, ou arrêter la farce... et reprendre le cours des choses apprises en cours. L'histoire ne dira pas si j'aurais été un grand avocat, et si l'histoire ne dit pas non plus que mes raviolis étaient une tuerie, je décidai d'arrêter d'étudier.

En même temps, je n'avais jamais vraiment commencé...

C'est ainsi qu'après plus de quinze ans de non-études à écumer les écoles, je me retrouvai sans le moindre diplôme à fabriquer des raviolis... Quelques semaines plus tard, après avoir renoncé à tout espoir de réussite scolaire, j'abandonnai aussi l'idée de devenir le roi des pâtes. En effet, il ne me semblait pas totalement à propos de suivre cette filière pour assouvir les desseins que je me réservais. Cependant, je profitai de l'argent récolté par mon trafic de blé dur pour m'offrir les fameux cours de pilotage.

C'est donc nanti de mon pécule gagné à la sueur du front et à la fécule de blé, que je débarquai sur le circuit de La Châtre. Si j'étais très heureux de m'être donné les moyens d'intégrer ce stage de pilotage tant attendu, motivé par les perspectives de cet avenir sportif qui m'était promis, je n'avais malgré tout aucune idée du degré de mon éventuel talent de pilote.

À l'issue des premières évaluations, les instructeurs se chargèrent rapidement de me faire comprendre que mon niveau était proche de zéro.

À bien considérer cette appréciation, il est évident que ce n'était pas une bonne base pour quelqu'un qui se voyait champion du monde… J'étais bien pilote de course… mais dans ma tête seulement.

C'était cela aussi qui m'avait incité quelques mois auparavant à acheter casque et combinaison, et à m'allonger régulièrement dans ma baignoire en guise d'entraînement. J'étais dans mon bain comme un pilote dans son bolide. Comme un poisson – pilote – dans l'eau. Je simulais les dépassements avec le pommeau de douche, et le changement de vitesse avec la bouteille de shampoing. Si je n'ai pas gagné de course, j'ai assurément remporté la coupe du ridicule.

Ridicule aussi mon incapacité à suivre les cours théoriques qui nous étaient dispensés avant de nous glisser dans le siège des voitures-écoles. Tel un âne incapable d'évoluer sur cet aspect des choses, je demeurais cette bourrique imperméable à ce nouvel enseignement. Fût-il lié à une passion folle.

IV

Cette première rencontre avec le sport automobile fut un échec. Du moins, j'avais échoué à transformer ce baptême plein de promesses en un tremplin indispensable à la poursuite de mon rêve. Mais si je devais me résoudre à revoir mes prétentions sérieusement à la baisse, je ne baissai pas les bras pour autant, car il m'était utile de les garder bien ouverts afin d'accueillir une bonne nouvelle qui survint sous forme de bonne étoile.

Qu'il est beau ce ciel constellé de ces astres infinis. Qu'elles soient filantes ou du berger, à les regarder et à s'en approcher, ces étoiles se transforment en lampes de prêches. Elles illuminent autant qu'elles vous éclairent. Vous animent et vous font rayonner. J'entends par l'image de cet astre l'idée de la rencontre de l'autre, de celui ou de celle qui saura vous éclairer, vous animer, vous illuminer.

Ce qui fut le cas au dernier jour de ce stage lorsque je rencontrai Eric Van de Poele, jeune pilote belge qui s'illustra par la suite en Formule 1.

Depuis toujours, et à tous les niveaux, j'ai eu la chance de rencontrer des gens comme lui, qui ont contribué à me faire avancer, à me hisser sur les toits de ce monde que je me promettais. Je parvenais à escalader mes ambitions, aidé en cela par tous ces gens qui me faisaient la courte échelle.

Eric fait donc partie de ces lumières. Il m'a invité à le suivre et à voyager dans cet univers très fermé de la compétition automobile. Son éclairage sur la course fut déterminant dans la découverte des rouages de ce monde inaccessible. Pendant des années, il m'a traîné et entraîné avec lui. Me présentant les sponsors, les teams, m'initiant aux us et coutumes en vigueur et à la rigueur de leurs exigences.

En l'accompagnant partout, il me mettait le pied à cet étrier qui faisait courir la monture de ces chevaux-vapeur. Je lui dois d'avoir été à l'école de la course, et d'une certaine manière à l'école d'une vie. De celle qui vous fait prendre conscience des efforts à fournir pour remporter la victoire. De l'importance de considérer le moindre détail, de ne rien laisser au hasard. D'éviter de perdre si l'on veut espérer gagner. De savoir que ces victoires sont le fait d'un ensemble, que seul vous ne pouvez vous hisser sur la plus haute marche. Que le petit mécano en habit de sueur chargé de serrer les boulons est tout aussi important que le team manager qui serre sa cravate.

Lorsque je voyais Eric pénétrer dans le box où somnolait sa voiture avant de rugir sur la piste, il se dirigeait vers chaque personne qui composait son équipe.

Il allait serrer les mains, les unes après les autres, offrant un regard d'estime à ces gens qui se consacraient à sa victoire. C'est pour cela que j'évoque l'école de vie, car cette attitude m'a accompagné ensuite précieusement. Comme un trésor qui m'avait été confié. Rien d'extraordinaire, non, juste considérer tous les gens qui vous entourent, et qui dans l'ombre souvent, vous aident à cueillir la lumière. Cela semble évident d'adopter ce genre d'attitude, mais l'évidence n'est pas toujours évidente.

Si j'en savais plus désormais sur ce qu'il y avait à faire, je n'en avais pour autant pas encore les moyens. Il me fallait trouver des sponsors, un team, une voiture… et puis surtout, il me fallait gagner ma vie ! Il n'était pas question de ressortir mes moules à raviolis… et je vous passe la quantité de petits boulots auxquels je me suis consacré… jusqu'à cet épisode qui me voyait intégrer une agence de marketing.

Mon ami Pierre Cuvelier travaillait dans cette société. Ne cherchez pas son nom dans les pages de magazines, c'est juste mon ami de quarante ans. De même que Gilles Cruysmans, qui est à mes côtés depuis ce bout de vie. Discrets, pudiques, généreux, fidèles, disponibles, ils sont comme ces amis qui se comptent sur les doigts de la main et qui avec le temps deviennent comme un membre de votre famille. Pierre donc – qui a contribué à construire mon édifice – me fit rencontrer Yves Baudechon, le boss de MarketingPower, la boîte en question.

Aujourd'hui à la tête d'un important groupe de communication, Yves me vit arriver avec l'énergie de l'espoir, et une sérieuse envie de rejoindre son team de travail.

Dès lors, sans trop se soucier de mes compétences véritables, il ne me proposa rien de moins que de créer le nouveau département événementiel de sa structure. J'aurais un salaire confortable, un bureau, une secrétaire, et tous les moyens à disposition pour développer cette activité en plein essor.

C'est ainsi que je me retrouvai le lundi suivant, assis dès les premières heures du matin sur une chaise à bascule, à contempler la plante verte disposée en face de moi.

La vision de ce petit bout de nature en pot me fit le même effet que ce poisson rouge tournoyant dans son bocal. Un téléphone fixe posé sur mon bureau me fixait, comme un téléphone fixe… Je comprenais que cet objet allait être mon outil, en même temps que cette mesure que je prenais à explorer les lieux. Je me sentais comme ce poisson, toujours rouge, occupé à tournoyer dans son bocal. J'avais l'impression d'être une plante moi aussi, qui allait s'enterrer dans ce bureau aux allures de pot.

Que s'était-il passé pour que je manque à ce point à mes rendez-vous personnels, à mes rêves de grandeur et de splendeur ?

Steve McQueen avait-il été lui aussi engagé dans une « boîte » de marketing ? Paul Newman avait-il eu la sensation de n'être qu'une fougère à un moment donné de sa vie ? Jacques Brel a-t-il chanté la vie en rouge du poisson, et non en rose du piaf, avant de naviguer sur les océans ?

Et Jean-Louis Trintignant, avait-il eu un téléphone fixe pour appeler à l'aide ?

Car c'est bien ce que je voulais faire là, maintenant, hurler dans le cornet qu'un acteur n'avait pas sa place ici. Qu'un pilote ne pouvait le devenir qu'en ayant un volant entre les mains et non un stylo.

Passé cet épisode de grande angoisse existentielle, j'allai arroser et humer la plante afin de prendre une bonne dose de chlorophylle en guise de remontant. Inspirant alors cet air de circonstance, je n'en manquai pas pour imaginer un stratagème qui me permettrait de sortir d'ici. Je pris conscience que j'avais tous les outils administratifs sous la main pour mettre en œuvre mes projets personnels, qui se feraient bien entendu au détriment de ceux de mon employeur.

Assis sur un siège qui n'avait rien d'éjectable, mais plutôt gainé de cuir que je pouvais régler à mesure, et paré de mon téléphone dont j'allais faire le siège, j'entamai alors le bon usage des Pages jaunes à la recherche de sponsors susceptibles de financer mes aspirations sportives. Mon travail, pour lequel j'étais rémunéré, allait consister à démarcher, dès mon arrivée matinale au bureau, toutes les marques présentes dans ce bottin.

En commençant par le A et en imaginant terminer par le Z, je me doutais qu'entre ces deux lettres, parmi les centaines d'entreprises sollicitées, il y en aurait bien une disposée à me donner de l'argent que je transformerais en or par la gloire de mes victoires.

C'est ainsi que pendant de longues journées consacrées à cette œuvre qui n'avait rien de charitable, je pris la mesure de ce qu'était un refus. Et quand je dis « un »... je parle du refus dans son ensemble. À l'addition de celui-ci, il devient question de rejet, car à la lettre D, je n'avais toujours pas décroché le moindre rendez-vous, ne fût-ce qu'avec la secrétaire de la secrétaire.

Il m'en fallait davantage pour me décourager, car après le D, il y aurait encore bien des lettres dans l'alphabet de ma quête. Mais à peine arrivé à la lettre F sans autre succès que d'avoir décroché un vague espoir de rencontre avec les gens du E, Yves Baudechon – mon patron donc – vint me voir dans mon bureau... enfin son bureau. Il voulait me faire part de sa surprise de n'avoir aucune nouvelle de ma part. Et de préciser que si j'étais plongé du matin au soir dans d'interminables échanges téléphoniques, harassé par tant de travail, je pouvais me confier à lui, et évoquer le développement de cette section promise à un bel avenir. Il savait comme c'était dur de lancer un nouveau département, et de par sa présence, il tenait à marquer son soutien et sa confiance à mon endroit.

J'étais bien évidemment touché par sa démarche, mais je ne pouvais m'empêcher de nourrir une petite culpabilité à son égard. Juste une toute petite... si bien que j'abordai par la suite le G, le H, et le I avec beaucoup d'entrain.

Deux mois plus tard, ne voyant toujours pas le moindre indice de développement poindre depuis mon bureau, Yves revint me voir. Le sourire qui caractérisait sa première visite avait laissé place à une moue qui n'augurait rien de bon. Il s'assit devant moi en plantant ses yeux dans les miens, telle la fougère bien enfoncée dans son pot. Il était vert comme elle… mais de rage, convaincu que j'avais passé mon temps à lui faire perdre le sien. N'étant pas le dernier des idiots, ni même le premier, il avait bien compris que pour un département événementiel, aucun événement ne semblait se profiler à l'horizon de mes prérogatives. Il me fit remarquer que le temps que je passais au téléphone était inversement proportionnel au nombre de projets développés.

Sur ce point nous étions entièrement d'accord.

Après m'être perdu dans des explications auxquelles moi-même je ne comprenais rien, il m'informa qu'il n'était pas nécessaire de faire la preuve de tant d'imagination pour noyer le poisson (le petit rouge s'en était chargé lui-même…), car il observait plus attentivement depuis quelques jours la nature de mes activités – en gros, il m'espionnait – et il attendait de moi que je lui avoue simplement que je m'étais moqué de lui.

Il m'avait dit cela en des termes plus directs. En élevant un peu la voix, il me demandait depuis quand et pourquoi je me foutais de sa gueule…

La grossièreté a le mérite d'être parfois bien plus explicite que de jolis mots tricotés à l'adresse de son interlocuteur.

Ainsi énoncé, je n'avais d'autre choix que de lui expliquer clairement la situation. Plutôt que de lui dire « ce n'est pas ce que tu crois », réplique de cinéma usée jusqu'à la corde, je lui confirmai que c'était bien ce qu'il croyait. Je m'étais effectivement moqué de lui, profitant de ce qu'il avait cru deviner en moi, à savoir un brillant *event manager*. Il aurait dû déceler dans mon premier regard, et dans tous les autres aussi d'ailleurs, que ni *event* ni *manager* ne répondait à aucun trait de mon caractère.

Il devenait curieux, presque amusé de découvrir à quoi ces heures passées au téléphone avaient bien pu servir. Je le savais passionné d'automobiles, alors c'est sans aucun détour que je lui fis part de mes velléités de compétitions. Je lui avouai donc que j'avais profité de son infrastructure pour aller à la chasse aux sponsors, mais qu'en piètre chasseur je n'avais pas ramené le moindre gibier.

Il me regarda en silence, sans rien dire, d'où le silence… Mais son regard était bavard. Après un temps, consacré visiblement à une réflexion intense, il se mit à sourire, comme une réponse. Il venait de cueillir le fruit de sa réflexion et m'en offrait le jus. Je dirais même son nectar, tant ce qu'il avait à me dire était bon à entendre.

Déjà, il ne m'en voulait pas d'avoir usé de lui pour ruser.

Après tout, j'avais démontré une détermination certaine dans l'élaboration d'un projet – qualité qui trouvait grâce à ses yeux. Soudainement ceux-ci prirent une forme que je ne leur connaissais pas. En même temps je n'avais pas beaucoup croisé son regard…

C'est fou comme chaque partie de notre corps participe à l'expression de nos propos et de nos intentions. Chez les *events managers* on parle alors de *body language*. Et là, c'est tout son *body* qui s'articulait pour me faire une proposition.

Il se disait disposé à me financer deux ou trois courses afin d'évaluer concrètement ma capacité à tenir un volant. Comme pour tout sponsor digne de ce nom, le logo de l'entreprise figurerait sur les flancs de la voiture, et je défendrais ainsi les couleurs de MarketingPower. En gros, j'allais contribuer à faire connaître la société, tout en prenant plaisir à le faire…

Le deal était clair : si à l'issue de ces premières courses je démontrais un réel potentiel, il ne voulait plus me voir au bureau, estimant alors que ma place était bel et bien sur un circuit automobile. À l'inverse, si les résultats se montraient décevants au point de considérer mon rêve davantage comme un fantasme que comme un projet de vie, je m'engageais à me rasseoir dans son fauteuil à bascule.

Elle serait rude, cette bascule… même enveloppée dans du cuir de bonne qualité.

Dès lors, la perspective de retrouver la plante de mon bureau plutôt que la plante de mon pied posée sur l'accélérateur m'apparaissait comme une option totalement inconcevable. Cette image devenait le visuel de mon obsession. Un cliché que je ne pouvais me résoudre à imaginer un jour glisser dans l'album des désertions potentielles, ces livres de photos jaunies qui contiennent des souvenirs déçus plutôt que des projets d'avenir.

Je devais saisir cette main qui avait la forme d'une chance. Elle m'était tendue et, en serrant cette poigne généreuse, je me faisais le serment de ne jamais revenir sur les promesses que je m'étais faites.

C'est ainsi que je me retrouvais peu de temps après au volant d'une Opel-Lotus, monoplace qui évolue dans des courses de promotion, et dont le parcours est un obligé pour gravir les échelons du sport automobile.

À vous écrire ceci, vous avez la réponse sur ce qu'il advint.

Ce fut le début d'une aventure qui devait durer une quinzaine d'années. Yves Baudechon m'avait permis de glisser mon pied dans l'étrier de ces chevaux-vapeur. À partir de là, j'en ai eu des montures et des circuits à parcourir. Ma vie avait entamé ce virage que j'avais dessiné dans ma tête, et rien ne pourrait arrêter la roue qui venait de tourner.

Cette première expérience en amenant une autre, je participai par la suite à diverses courses qui furent pour moi comme des classes d'apprentissages.

J'apprenais en roulant. Je roulais des mécaniques avec humilité, celle que l'on apprend lors de la pratique du sport, et de la compétition en particulier. Chaque kilomètre passé à emprunter le dessein de mes trajectoires contribuait à faire de moi davantage un pilote de course qu'un conducteur averti. Il me fallut du temps pour être ce que je voulais devenir.

J'usai alors mes combinaisons, pas toujours gagnantes, sur un nombre important de voitures différentes.

Passant de la Formule Renault à la Formule 3000, d'une petite Peugeot 106 à une grosse Porsche GT, je gravissais les échelons d'une échelle qui avait la Formule 1 pour ultime palier. Initié par mon ami Eric Van de Poele, je devinais désormais la marche à suivre pour enfin parvenir à convaincre les sponsors de m'accompagner dans mes programmes sportifs.

C'est par la course que je découvrais l'univers des médias, des premières interviews, du rapport au public, à l'image, à ce qu'il fallait élaborer pour sensibiliser un attelage disposé à vous soutenir. Je comprenais que le pilote était un produit autant qu'un sportif, une valeur marchande qu'il fallait promouvoir sur les étals de la concurrence. Qu'à force de se démarquer des autres, il y avait matière à exister.

C'est ainsi que je pouvais compter sur différents partenaires qui me permettraient de financer tout ou partie de mes engagements. Au fil du temps je commençais à me débrouiller efficacement pour aménager quelques échanges de bons procédés.

Comme celui de porter le badge d'un restaurant sur ma combinaison et d'y avoir ainsi table ouverte toute l'année. Ou d'apposer sur mon casque le logo Bellerose et d'avoir la chance d'être rhabillé pour l'hiver. Et pour passer à l'heure d'été, cet autre badge m'offrait la possibilité de recevoir quelques montres.

N'ayant aucune autre source de revenus que la course, je devais trouver des solutions pour subvenir aux besoins de cette passion dévorante. Si je vivais pour ma passion, elle ne me permettait pas d'en vivre, du moins correctement. Je me débrouillais comme je le pouvais, et ce que je pouvais semblait me permettre d'évoluer comme je le voulais.

De ces petits échanges qui facilitaient mon quotidien, je passai à la vitesse supérieure avec des arrangements d'une autre nature, à même de financer de plus gros budgets. Cela me fut permis après la rencontre – encore une – avec un chef d'entreprise audacieux qui soutenait un certain nombre de pilotes belges. Avec les années, de simple sponsor il devint un associé, un ami et un complice sans qui je n'aurais probablement pas pu poursuivre mon parcours.

Jean-Pol Piron était fabricant de baignoires, et je voyais son logo Aquamass apparaître sur tous les circuits. En le sollicitant pour m'aider à financer mes rêves de victoires, je ne me doutais pas que cet objet sanitaire allait me plonger davantage dans le grand bain de la course.

Je fus rapidement admis dans le cercle des pilotes disparates qu'il soutenait fidèlement. Mais alors que j'espérais recevoir un apport financier « classique », Jean-Pol m'expliqua sa manière de procéder. Il donnait un certain nombre de baignoires à ses protégés, que ces derniers pouvaient revendre à leur guise et empocher le fruit de la transaction.

Cette méthode de troc efficace faisait l'affaire de toutes les parties, et je me transformais alors en représentant de commerce pour espérer vendre le plus de baignoires possible. J'usai de ce même procédé avec des billets d'avion. United Airlines me donnait des billets business que je revendais autour de moi. De même qu'avec NRJ, *Paris Match*, HLN, ou encore Canal+ Belgique, médias qui me donnaient des espaces publicitaires que je revendais moins cher à d'autres annonceurs, et qui recevaient en prime un emplacement sur ma voiture et ma combinaison.

Le sujet n'est pas ici de faire l'article de mon palmarès sportif, mais bien d'expliquer les rouages qui m'ont permis d'avancer. De réaliser petit à petit les projets semés dans l'esprit du petit garçon que j'étais, et que je me devais de faire germer.

L'aventure de la course a été riche d'enseignements. Elle m'aura appris ce que je n'ai pas pu intégrer sur les bancs de l'école. Ces années à me battre contre moi, contre le chronomètre, contre le temps, contre les aléas du sport...

Tous ces *contre* m'ont appris à les appréhender, pour en faire des *pour*. Pour gagner, pour avancer, pour m'améliorer, pour me comprendre surtout. Me confronter aux autres me permettait de me confronter à moi-même. Une manière de penser et de fonctionner qui m'accompagne encore tous les jours.

Sans la course, je n'aurais pas vécu mon métier de comédien de la même manière. Je n'aurais certainement pas eu le même rapport aux projecteurs qui ont bien voulu éclairer ma personne. Passer de l'ombre à la lumière peut faire de vous un illuminé, et à force de trop briller, vous devenez luisant...

Avec la compétition, école d'humilité par excellence, vous comprenez que vous devez vous remettre en question à chaque départ, chaque week-end. Que tout est à faire et à refaire malgré les gloires ou les échecs passés.

Un peu comme ce chef étoilé qui redémarre chaque service avec sa casserole vide, et qui va tenter tous les jours de maintenir cet astre dans l'assiette. Je pense particulièrement à mon ami Pierre Gagnaire, chef multi-étoilé qui est fait de cela, d'une humilité rare et précieuse.

En mémoire de mes souvenirs

À penser qu'on est le Roi du monde parce qu'un trophée vous a honoré un jour, vous devenez le Roi des cons. Nous pouvons tous, à des degrés divers, devenir à un moment donné le roi ou la reine d'un royaume éphémère.

Un moment donné… qui doit être rendu pour aller en cueillir d'autres, et se cueillir soi-même surtout.

Se surprendre, s'étonner, douter afin de se maintenir en quête.

La revoilà cette quête…

V

À cette époque épique de la vingtaine, je menais de front la course et la comédie. Du moins, j'entamais mon apprentissage du théâtre et m'essayais à quelques activités artistiques. Toujours en partant de pas grand-chose, et en emportant mes bagages remplis d'espoir, j'avais à nouveau cette idée d'aller quelque part. Je ne savais pas très bien où j'allais, mais j'y allais avec entrain.

À l'époque de mon temps, celui des débuts qui occupait mon esprit par les circuits et par la scène, et de celui qui ne faisait pas encore les beaux jours du cinéma belge, ma mère m'incitait à faire le Conservatoire d'art dramatique à Paris. Dépitée par mon incapacité à suivre un cursus classique, elle se disait assez logiquement que dans cette proposition résidait sûrement la solution du problème.

Car oui, j'étais devenu une équation qui semblait insoluble.

Malgré la générosité dont elle faisait preuve à nouveau en me permettant d'investir la Ville lumière, je n'envisageai nullement de monter à Paris, non par peur de me faire descendre, mais pour deux raisons très simples.

D'une part, j'avais un chien que je voulais garder près de moi à Bruxelles et que je ne voulais pas abandonner... Et d'autre part, je ne voyais pas l'intérêt pour un apprenti pilote d'apprendre à déclamer du Molière ou du Racine.

En revanche, participer à un stage ponctuel me semblait opportun pour découvrir l'usage élémentaire que l'on pouvait faire d'un texte pour ensuite le jouer. Je ne souhaitais rien de moins, mais surtout rien de plus.

C'est avec mon ami Pierre, encore lui, ou déjà lui pour être précis dans la chronologie des événements, que je m'inscrivis donc à un bref stage d'été du Cours Florent. Il fut effectivement très bref... Je ne sais plus si j'y suis resté un jour ou une semaine, et encore moins si j'y ai appris la moindre réplique, mais ce dont je me souviens, c'est que ma vie aurait été différente si je n'avais pas tenté cette aventure.

J'y ai trouvé un destin, non pas celui du bon usage des alexandrins, mais celui de ces rencontres, encore et toujours elles... qui dessinent votre route.

À peine arrivé, et pas encore parti, il fallait faire vite... je fis la connaissance de Michel et Sybille, un couple de Belges venus eux aussi s'essayer à l'apprentissage du jeu dans cette école réputée, dont Francis Huster était à l'époque l'un des professeurs les plus éminents.

J'ignorais que tomber sur eux allait me permettre de me relever. Du moins me lever d'une posture dans laquelle je m'étais installé depuis des années.

Jusqu'alors j'habitais dans une bulle, qui était comme un rempart à ce monde extérieur qui semblait ne pas me comprendre. En même temps je le lui rendais bien… Réfugié au centre de moi-même, je n'avais que peu d'élans pour me fondre avec mon prochain, pas plus qu'avec mon suivant d'ailleurs. Mais ces deux autres me permirent de rencontrer bien des suivants, bouleversant ainsi et pour toujours ma ligne de front que je protégeais depuis mes tranchées imaginaires.

Avec eux j'allais découvrir une nouvelle vie, du moins les ingrédients de celle qui vous permet de trouver le centre de votre cercle affectif. Celui qui se compose de ces amis, qui avec le temps deviennent les complices de votre existence.

Ils étaient de ceux-là, et à eux deux ils apparaissaient comme des dominos qui sous l'effet de leur chute entraînent les autres. À la différence que ce n'était pas une chute à laquelle ils participaient, mais à me remettre droit, à me tenir debout, à marcher et à courir.

Avec Michel j'ai marché, du moins, j'ai posé un premier pas sur les planches en créant une troupe de théâtre amateur. Ensuite ce fut la formation d'une équipe d'improvisation, que nous avons pratiquée pendant des années. Cet exercice extraordinaire fut probablement l'enseignement le plus enrichissant que j'aie pu vivre.

L'aventure des Improvistes m'accompagne encore aujourd'hui dans ma manière d'être, de faire, d'écrire et de penser… car c'est bien l'impro qui m'a permis de découvrir un univers imaginaire qui sommeillait en moi. Du moins de comprendre que nous avons tous la faculté de développer ce monde en créant des clés et des portes, qu'il suffit d'ouvrir ensuite vers l'infini de nos pensées abondantes et vagabondes. De cet apprentissage, je retiens ces exercices qui sommeillent dans mon inconscient, et qui ressurgissent encore aujourd'hui au détour d'un instant où il me faut trouver le mot juste. Une méthode qui excitait notre faculté à associer rapidement le son et le sens d'un mot.

J'applique d'ailleurs cette façon de faire dans le présent texte, comme dans la vie, ce qui tombe bien puisque ma vie est précisément dans ce texte…

Et c'est aussi selon ce principe qu'avec mon ami et complice Gilles Gaston-Dreyfus nous avons vogué au gré de nos inspirations dans les *Radoteurs*, un programme court quotidien qui fut diffusé dans l'émission C à Vous.

Ce fameux Gaston, très agile, que j'avais découvert aux côtés d'Édouard Baer dans le *Centre de visionnage* diffusé dans *Nulle part ailleurs* sur Canal+. Ils formaient un attelage surréaliste que je rêvais de rejoindre, tant leur manière de faire me paraissait génialement drôle. Gilles offrait la réplique à Édouard, qui n'est peut-être pas aux mains d'argent, mais assurément à l'esprit d'or !

Que de souvenirs d'histoires inventées sur les patinoires de jeu où j'eus la chance, encore elle, de rencontrer des complices qui pour certains font aujourd'hui partie de ma promenade de vie. Je pense à Odile Mathieu, à Ivan Goldschmidt, à Marie-Paule Kumps, au regretté Manu Thoreau qui se fit connaître avec *Faux contact*, série culte en Belgique. Elle fut créée avec mon excellent ami Charlie Dupont, qui est lui-même maître ès impros. Il incarne cette imagination folle que nous nous plaisons à repousser au-delà de toutes limites. Celles-ci étant précisément laissées aux contours flexibles de notre imaginaire. Repousser encore et toujours les lignes pour en faire des horizons sans fins.

J'ai en mémoire ces histoires de moutons volants, de barque échouée sur la lune, de saisons qui se croisent et se souhaitent bonne chance avant de fleurir ou de blanchir la campagne. Des moments aussi exceptionnels qu'éphémères, qui nous emmenaient partout et qui venaient de nulle part, et dont je ne garde rien d'autre dans ma mémoire que l'espace de ces instants hors du temps.

Lorsque vous n'avez pour outil de jeu que pas grand-chose, vous devez tout inventer. Votre personnage, le décor, l'enjeu de la situation, l'histoire du début, sa fin, le tout en un temps donné par le public.

Ils sont quelques-uns à être passés par cette « école d'histoires », à l'instar de Jamel, où vous comprenez qu'en toute chose l'essentiel est d'écouter et de regarder. Qu'en étant attentif à l'autre, en écoutant jusqu'à son regard, vous parvenez à lui répondre plus justement. Que ce soit pour lui raconter une histoire, folle ou dérisoire, qu'elle soit sur une patinoire d'improvisation ou sur le rebord de nos vies. Mais je m'éloigne de Paris, ville capitale, alors que ma rencontre avec Sybille le fut tout autant…

Le Cours Florent m'avait pris de court, et quelque temps après cette expérience parisienne, c'est mon cœur qui se mettait à parler en alexandrins. Il battait comme des répliques, non pas de théâtre, mais comme celles que l'on observe lors des tremblements de terre. Une faille venait s'ouvrir en moi, et je découvrais avec elle, le séisme des premiers émois véritables. Sybille en fut la source, et l'eau de cette rivière dudit amant… s'écoula pendant deux ans. Comme un amour préparatoire, préambule à une relation qui se transforma par la suite en une amitié indéfectible. C'est ainsi qu'elle devint au fil des ans cette sœur précieuse que j'aurais aimé avoir.

Elle est aujourd'hui un socle, un phare qui m'est essentiel pour y voir clair dans la brume de mes tourments, ou dans l'éclat de mes bonheurs joyeux. Elle représente à elle seule un morceau de ma famille de cœur sans qui la vie aurait moins de chaleur. Sa famille est aussi un peu la mienne, du moins suffisamment pour la considérer comme telle, avec son TJ et leurs trois filles merveilleuses. Elle est ce rouage indispensable sans qui la trotteuse du temps, cet espace où l'heure loge, ne pourrait égrener les fractions des jours qui s'écoulent et des tant qui passent, avec la même légèreté.

Elle est mon meilleur ami.

VI

Au gré des mots qui se font les messagers de mes propos, je n'aurais que peu de mal à me perdre dans la hiérarchie des événements qui m'amènent à vous aujourd'hui. Mais il me semble bienvenu d'aborder cette autre rencontre fondamentale. Elle représente elle aussi, mais encore plus intimement, un bouleversement dans ma vie d'homme. Il me vient d'ailleurs en référence le livre de Charles Pépin, cet auteur philosophe que j'aime beaucoup, et qui traite précisément des rencontres dans l'un de ses ouvrages.

Il y a celles qui changent vos journées, celles qui modifient votre rapport à l'autre, à vous-même, qui vous interpellent, vous font réfléchir, vous perturbent, vous amusent, qui saisissent l'instant… et puis il y a celles qui bouleversent votre vie. C'est de celle-ci dont je veux vous parler… dont je dois vous parler, car sans elle j'aurais assurément écrit une autre suite à ma vie.

C'est donc par Sybille et Michel, indirectement, et selon le principe de l'effet papillon, que j'ai rencontré Odile. Cette femme qui deviendra « la mienne », et qui est aujourd'hui la mère de ce que j'ai de plus précieux, mes deux filles.

J'étais loin d'imaginer qu'une rencontre fortuite provoquée en l'espace de quelques jours au Cours Florent deviendrait la source de mes plus grands bonheurs intimes. Loin de penser qu'à travers elle je rencontrerais l'essentiel de ce qui allait façonner l'architecture de ma vie future.

Comme souvent, les imprévus conditionnent ce qu'il advient de nos destinées.

C'est ainsi que par un soir de sortie, attablé au comptoir d'un bar bruxellois en vue, je vis assez immédiatement une jeune femme dont la beauté irradiait les lieux, tout autant que mes yeux ébahis par tant de grâce. En fait, ce n'était pas tant le bar qui était en vue, mais bien cette femme aux habits de lumière qui mettait cet endroit à l'envers. Du moins c'est comme cela que je percevais les choses. Si tant est que je parvenais encore à discerner quoi que ce soit tant sa présence conditionnait l'absence de toute objectivité.

Complètement ailleurs, transporté par ma vision nocturne, je demandai alors à cet ami – avec lequel nous ne buvions pas que nos paroles – qui était cette sublime femme blonde que je m'apprêtais à aborder. Sa réponse fut comme une sentence, car il m'informa que bien évidemment un prince forcément charmant avait déjà les faveurs de la belle. Il était en ce moment en Angleterre, et elle ne tarderait pas à le rejoindre un jour prochain pour se marier.

Bien sûr… Comment avais-je pu imaginer que je pourrais séduire une étoile, à moins qu'elle ne fût filante ?

Passé cet épisode, je me retrouvai quelques mois plus tard à la table d'un restaurant bruxellois plus tout à fait en vue... jusqu'à ce que je vis entrer une femme qui avait l'allure d'une coïncidence. Elle ressemblait trait pour trait à l'Odile d'émois précédents. Et pour cause, il s'agissait bien d'elle, qui venait bousculer ma mémoire encore fraîche de ma déception passée. Et comme le hasard n'est pas toujours hasardeux, c'est aussi à ce même ami, complice de la première lueur, que je fis part de ce qui ranimait la cadence de mon pouls. Il posa sa main sur la mienne, à la manière de celui qui témoigne de sa désolation. Armé d'une bienveillance de circonstance, il me répéta que c'était encore la même Odile, qu'elle était toujours promise à son idylle, et qu'il me fallait à nouveau me résoudre à oublier celle qui ne demeurerait qu'un joli souvenir.

Des mois plus tard, alors que je n'étais pas adepte des boîtes de nuit, je me retrouvai par ce même hasard enfermé dans l'une d'elles à me conforter dans l'idée que décidément ce type d'endroit n'était pas fait pour moi.

Traînant mon ennui entre deux gins et trois tonics, je me décidai à quitter les lieux lorsque je la vis au loin. Elle était seule à traîner ce même ennui que le mien, et malgré l'ombre des sombres silhouettes dépravées qui se croisaient dans les travées, j'avais reconnu sa blondeur. Un halo précédait sa chevelure qui l'éclairait comme une boule à facettes. C'était de circonstance... Je profitai alors de cette ambiance particulière pour tenter d'enfin aborder cette inconnue dont je connaissais le dessein.

Je crois que je voue un respect particulier à ces hommes et femmes qui parviennent à briller en de telles circonstances. Ces acrobates de l'abordage pour qui ce cirque nocturne représente un terrain de jeu idéal. J'en étais loin… Je ressemblais davantage à un clown triste qu'à un trapéziste volant.

Alors si la musique couvrait le son de la maladresse de ce que j'aurais à lui dire, avant de tenter de l'approcher je diluai mes effusions dans une rasade d'alcool aux vertus désinhibitrices. Mais encore faut-il user d'une technique de circonstance. Si vous parlez trop bas vous ne vous entendez pas, si vous parlez normalement c'est l'autre qui n'entend rien, alors il s'agit de hurler directement dans l'oreille de la personne en prenant soin de ne pas lui envoyer votre prose diluée dans un geyser de postillons au goût d'un gin devenu très tonique.

J'allai donc à l'abordage, fermement décidé à ne plus laisser passer ma chance. Mais le « bonsoir » que je lui offrai était aussi un « au revoir », car après deux trois banalités vraiment banales échangées dans ce tumulte, elle s'excusa de devoir déjà partir. Vu que je n'étais pas encore tout à fait arrivé, je n'étais qu'à moitié surpris par son départ. Ayant remarqué l'autre moitié de ma surprise, elle eut cette délicate attention de me préciser qu'elle reviendrait probablement la semaine d'après.

Si ce n'était pas véritablement un vent que je venais de me prendre, ça y ressemblait furieusement…

Mais comme c'est dans la tempête que l'on reconnaît les vrais marins, je décidai de repartir à l'abordage la semaine suivante.

Je vous épargne le ridicule de la situation à m'imaginer errer sur la piste de danse, me faufilant entre les couples en devenir, et ces autres, devenus célibataires par la cause des effets précédents. Je cherchais ma boule à facettes dans tous les recoins de cette boîte, comme un animal qui cherche son maître.

Après en avoir fait le tour une vingtième fois, et avant d'atterrir au bar pour avaler mon pot de départ, mon regard fut happé par sa présence. Elle discutait au loin avec un homme, qui ne ressemblait pas du tout à la description que l'on m'avait faite de son prétendant. Un premier bon signe. Le second fut le visage familier avec lequel elle conversait. Il s'agissait de feu Bernard, le frère de mon ami Michel, qui a la croisée de nos regards m'invita à les rejoindre.

Alors que Bernard faisait les présentations, je m'empressai de préciser que nous nous connaissions déjà avec Odile, du moins que nous avions fait connaissance la semaine précédente. C'est alors que la situation prit une tournure dont la nature justifie ce (très) long chapitre consacré à cette rencontre… Odile précisa qu'elle ne me connaissait pas. Et surtout, que nous n'avions pas pu nous rencontrer le samedi précédent vu qu'elle était arrivée à Bruxelles le matin même après des semaines passées à Londres !

Je trouvai qu'en plus d'être belle, Odile avait un sens de l'humour très british, probablement aiguisé par ses séjours fréquents outre-Manche.

Passé ce moment suspendu où j'étais le seul à rire bêtement, je dus me résoudre à croire à son absence, dans la mesure où elle nous expliqua que son retour était conditionné par la fin de son histoire avec le prince, qui ne semblait plus tout aussi charmant…

Deux informations vinrent alors se télescoper. La première fut l'existence d'un sosie d'Odile avec qui j'avais donc échangé la semaine d'avant… il est vrai que je n'avais même pas eu le temps de lui demander son prénom… La seconde et non des moindres : le fait qu'elle était désormais célibataire. Situation pour le moins surréaliste, car si je n'avais pas rencontré son âme sœur quelques jours auparavant, je ne serais jamais revenu, et n'aurais donc pas eu l'occasion d'inviter Odile le lendemain à l'issue d'une soirée consacrée à lui hurler toute la douceur de mes propos dans l'oreille.

Mon cœur était à ce point bavard que ce déjeuner fut aussi long que gourmand. À nous parler de tout, de rien et de beaucoup plus, nous sommes ainsi restés à la table de nos amours pendant plus de quinze ans…

Au fil des plats qui s'en suivirent pour nourrir notre vie, deux couverts supplémentaires furent dressés à nos côtés. Zélie et Ninon vinrent compléter ce savoureux repas de famille.

VII

Si la vie nous a amenés à quitter cette table, il y demeure encore et toujours des ingrédients précieux qui unissent des êtres devenus essentiels les uns pour les autres. À bien des égards d'ailleurs, car fonder une famille fut la plus merveilleuse des choses qui pouvait m'arriver.

Fonder… il y a bien dans ce mot les lettres qui évoquent les fondations, l'ancrage qui permet de vous tenir debout, de vous ériger. D'avoir un sol où se poser et de n'être plus seul. Je ne savais pas à quel point je manquais de cet ancrage profond. Celui qui me permettrait de stabiliser mon édifice bâti sur des terres trop mouvantes par endroits.

Avec Odile et mes filles, je découvrais en de petites choses du quotidien les grandes choses d'une vie. La raison ultime de mener une existence, de penser l'autre plutôt que de se panser soi… Je ne parle pas d'absolu, de règle générale dans laquelle certains ne s'y retrouveraient pas, je parle de ma vision très personnelle du schéma familial. De ce qu'il m'a apporté de fondamental.

Et pourtant…

Je ne suis pas parvenu à maintenir cette union. À préserver ce foyer dont j'avais rêvé. Par deux fois nous nous sommes séparés, pour tenter de mieux nous retrouver, mais les amarres furent définitivement larguées, chacun prenant alors le large pour embrasser d'autres horizons. Cette ligne au loin est parfois la promesse d'un nouveau monde et de nouvelles perspectives… Mais à vouloir s'en approcher, on comprend bien vite qu'elle demeure inévitablement inaccessible. Une ligne dessinée comme la limite de nos illusions, comme un leurre qui nargue nos aspirations.

Je n'ai jamais retrouvé ailleurs la chaleur originelle de ce premier lit, celui qui a pour ressort un quotidien où vient rebondir l'exercice de la vie à quatre. Un quatuor dont la petite musique orchestrait les rires d'enfants, leurs pleurs et leurs bonheurs. Les observer à vivre tant de premières fois, le regard posé sur cette innocence aux cheveux blonds, me restera comme la plus merveilleuse des choses, celle de voir grandir les deux êtres pour qui vous nourrissez l'amour le plus fort, le plus indéfectible, le plus absolu sans doute.

Je les ai tant aimés ces moments qui font le ciment d'une vie de famille, avec ces jours qui sont comme des petites briques, à s'empiler les unes sur les autres pour s'ériger en des murs qui construisent une histoire. Il m'était alors tout aussi douloureux de devoir quitter cette bulle l'espace de quelques jours, de quelques semaines ou de plusieurs mois parfois pour aller ailleurs, jouer la comédie.

Avec la découverte d'un nouveau monde pour elles et la bascule dans un autre pour moi, il est évident que la naissance de mes filles a été un événement majeur. L'accouchement fut un instantané d'émotions, un envahissement indescriptible qui traduisait une prise de conscience fondamentale. Dans un même temps, la chose la plus importante au monde devenait leur vie, et la mienne presque accessoire. Non pas ce que j'allais en faire dans sa forme, mais le sens qu'elle prenait avec cette idée de l'existence de l'Existence.

À l'instant précis du premier cri, nos filles faisaient de nous une mère et un père. Certes, c'est assez logique… mais j'ouvre là une porte ouverte dont je n'avais pas les clefs. Être père était pour moi une fonction relative car je n'avais pas eu de modèle, de référent me permettant d'observer les manières de faire.

À vivre comme j'ai vécu avec le mien, j'avais un exemple très aléatoire de ce que représentait véritablement l'autorité paternelle. Ce rôle précis dont j'allais découvrir chaque jour les gestes essentiels, les attitudes à adopter. Que ce fût en matière d'éducation, du suivi des études et de toutes ces choses qui s'additionnent pour aider à construire un enfant.

Ayant aménagé seul nombre de préceptes éducatifs, n'ayant une expérience scolaire que très relative, un élan limité vis-à-vis de l'autorité, un rapport à l'autre assez particulier… Je ne savais pas quoi et comment transmettre l'essentiel de tout, ou d'une partie du moins, à mes enfants.

Au milieu d'un quotidien entouré de ses parents, de sa sœur et de son frère, Odile jouissait d'un schéma familial plus uni que le mien. Cette famille, qui devint un peu la mienne par l'alliance de nos élans, lui permit sans doute de rapatrier une notion plus structurée de l'éducation qui me faisait défaut.

À observer la mère qu'elle fut et qu'elle demeure, j'apprenais petit à petit à devenir père. Il m'a fallu du temps ensuite pour m'affranchir de ce qu'elle faisait, d'affiner ce rôle à ma main, que je m'autorise à prendre cette place qui ne demandait qu'à être saisie.

J'espère qu'au fil de tout ce temps je suis parvenu à trouver la clef de quelques-unes de ces portes qui ouvrent sur ces mondes à leur offrir.

J'aurais adoré avoir une grande tablée d'enfants, entendre le cri des rires et voir les sourires rythmer les repas d'une famille nombreuse. Alors dans une autre vie j'aimerais ne pas avoir à disparaître ailleurs pour essayer d'exister ici, au milieu de ce que j'ai et que je ne parviens pas toujours à préserver comme je le voudrais. De ne pas partir en quête de ce que je pense ne pas trouver chez moi, alors que je devrais simplement ouvrir les yeux sur ce que j'ai en face de moi.

Le temps est maintenant passé par là, et mes deux filles se sont baladées sur les chemins de cette petite enfance si merveilleuse, avec les bagages qui furent les leurs.

Si elles sont désormais à la lisière de nouvelles routes, elles gardent encore quelques traits de cette clairière juvénile aux fleurs encore fragiles. Ou alors est-ce ce père gâteux qui veut croire pour quelques instants encore qu'elles demeurent ces enfants petits qu'il n'a pas assez vu grandir…

En repassant par leur chambre aujourd'hui, je regarde avec une tendre mélancolie les différences de tailles annotées sur le rebord de la porte. Elles semblent proportionnelles au temps de mes absences, comme si les jours loin d'elles se comptaient en centimètres.

À repenser à tout cela, je me dis qu'en ayant choisi ma voie professionnelle, conditionnée et emmêlée par tant de tout, je n'avais pas d'autres choix que d'aller trop loin pendant qu'elles allaient plus haut.

VIII

Passé l'apprentissage du métier sur mes terres, comme une jardinière dans laquelle j'aurais tenté de faire pousser les premières graines, la France m'invitait à faire grandir mes aspirations et à y déployer mes ailes.

C'est ainsi qu'à l'instar du marin qui irait en Bretagne pour naviguer sur la mer de ses ambitions, ou de l'alpiniste qui partirait escalader la montagne pour fouler le sommet de ses rêves, j'allai à Paris pour tenter de relever le mien et gagner la vie professionnelle que je m'étais promise. Ce faisant, laissant alors ma vie de famille s'écouler bien trop souvent sans moi, je me retrouvai à errer dans les ruelles de mon existence, avec la solitude pour seul compagnon de route. J'étais très entouré pourtant, mais c'est bien pire encore de se sentir seul au milieu de la foule.

Je me promenais au fond de moi-même, empruntant des chemins aux contours par trop sinueux. Et à force de chercher ce que je pensais trouver, je finis par perdre quelques-uns de mes repères. Certes j'allais là-bas, quelque part, mais cet éloignement creusait le sillon de notre séparation.

Aurais-je pu faire autrement ? Je ne le crois pas.

Il me fallait explorer un vaste univers en quête de ces étoiles qui avaient fait briller mes rêves d'enfant. J'avais sans doute trop de failles pour résister à l'ailleurs. Pour ne pas laisser entrer la moindre promesse de lumière par les interstices de mes faiblesses. Cet insatiable besoin d'allumer d'autres feux pour échauffer mes sens, au risque de me brûler et de me consumer parfois, a eu raison de ma raison.

Alors si je regrette aujourd'hui de n'avoir pu préserver les brindilles de bois qui s'enlacent pour former ce nid dans lequel nous étions réunis, j'observe cette autre vie qui a fini par s'inviter dans les remous de mes tourments. L'herbe n'y était pas plus verte, mais il y avait de l'herbe, avec d'autres couleurs qui m'offraient de vivre dans le champ des possibles. Je m'y promène toujours aujourd'hui, avec un cœur en forme d'artichaut qui s'effeuille encore au gré des rencontres…

Je ne sais pas si c'est de chercher l'autre ou de le trouver qui m'anime. Mais j'ai semble-t-il encore besoin de guérir de cette plaie qui se forma à mon adolescence. J'aurai cherché toute ma vie ce regard et cette main posée en guise de réconfort, pour me signifier que je suis attendu et que j'existe…

C'est sûrement pour cela que je remplis les verres comme les pages, elles-mêmes pleine de vers, les assiettes comme les jours et les heures comme le vide. Pour cela aussi que j'ajoute du temps au temps comme une réassurance, de peur de le perdre. Du moins l'illusion de le gagner. D'en gagner…

Ce moteur à explosion m'anime, me fait avancer comme il me fait reculer. Trop de trop amène parfois au pas grand-chose. Car à force d'avancer trop vite, trop loin, vous laissez les autres derrière et vous vous retrouvez seul devant… Mais quel intérêt ? C'est d'ailleurs ce qui m'arrivait lorsque je me retrouvais en tête d'une course : je préférais largement être second. Avoir quelqu'un en ligne de mire me donnait envie de me dépasser en le dépassant. L'idée seule, le principe même de gagner m'a toujours motivé davantage que d'être le véritable vainqueur, car j'étais plus à l'aise sur la deuxième ou troisième marche du podium.

Cet éternel syndrome de l'imposteur…

Il demeure.

Est-ce pour le conjurer qu'il me fallait rentrer par la fenêtre et défoncer les portes afin d'obtenir ce que je voulais, pour finalement me réfugier à l'ombre de mes victoires ou de mes réussites ? Car oui, j'en ai emprunté des fenêtres pour entrer par effraction. Dans mon apprentissage de ce métier de comédien par exemple. Du moins dans la possibilité de le revendiquer, d'exister…

IX

Après avoir fait mes premières classes avec l'impro et le théâtre amateur, il me fallait trouver le moyen d'investir plus franchement cet univers très fermé. À ce stade je n'avais rien d'autre à montrer qu'un entrain immodéré pour faire l'acteur. Alors certes, l'entrain vous fait avancer, mais pas forcément dans le bon wagon. Je ne savais pas par où ni comment commencer, quelle voie emprunter pour espérer ouvrir les portes de ce métier.

Je commis mes premiers forfaits avec pour aide précieuse mon frère Pierre, qui me suivait caméra à l'épaule dans les rues de Bruxelles. Flanqué de mon micro, j'allais à la rencontre de badauds à l'air souvent badin pour leur poser des questions bien plus inutiles que les réponses qui m'étaient offertes en retour. Je testai par ces impromptus le plaisir du second degré, voire du troisième ou du quatrième… Cette expérience sur le terrain confirmait mon amour pour le monde de l'absurde.

Nous avons ensuite enchaîné avec une série de caméras cachées où je m'amusais à provoquer des situations complètement surréalistes.

Si je n'avais pas le culot de François Damiens, maître incontesté en la matière, j'avais néanmoins accumulé quelques pépites susceptibles d'alimenter une bande démo.

Tombée entre les mains de Leslie Cable, productrice de la RTBF, elle m'offrit la possibilité de poursuivre la mise en boîte de séquences hors sol dans les @llumés.be, une émission de divertissement très en vue à l'époque. Une première exposition qui me permit de me faire connaître des téléspectateurs, mais aussi des gens du métier… Notamment de certains directeurs de casting, qui commencèrent alors à me proposer des petits rôles au cinéma ou à la télévision.

Je me retrouvais ainsi à jouer ma toute première scène dans *Mina Tannenbaum*, où je devais donner la réplique à Elsa Zylberstein. Je me souviens avoir été confronté à cette caméra qui me semblait aussi énorme que l'enjeu que représentait cette expérience cinématographique. Pour la première fois j'entendais les mots « moteur » et « action ». Ce n'était pas tant que je me révélais mauvais dans cette scène : j'étais plus précisément consternant de nullité. Au point d'avoir été fort logiquement coupé au montage.

C'est drôle la vie car bien des années plus tard, au-delà de l'amie qu'elle devint, Elsa se révéla être l'actrice avec laquelle j'ai le plus tourné.

Et si cette première tentative tourna à la catastrophe, je me retrouvai peu de temps après à donner la réplique à Richard

Bohringer dans *Mauvais Genre*, un film de Francis Girod. Ce formidable réalisateur qui avait signé des films tels que *La Banquière* avec Romy Schneider ou *Le Bon Plaisir* avec Jean-Louis Trintignant… ne se doutait pas de ce que cet acteur avait représenté pour moi.

Hasard du calendrier, j'allais commencer le tournage de ce film peu de temps après avoir participé pour la dernière fois aux 24 Heures de Spa, célèbre course automobile en Belgique. Et dans cet entre-deux, je découvrais que se jouait à Paris la pièce *Comédie sur un quai de gare*, avec… Jean-Louis Trintignant et sa fille Marie. Je ne pouvais bien évidemment pas laisser ce hasard à sa condition. Il me fallait le transformer en injonction car il avait la forme d'une invitation impérative à laquelle je ne pouvais me soustraire. J'embarquai donc pour Paris afin d'aller applaudir l'un de mes faiseurs de rêves.

Pendant la pièce je ne pouvais m'empêcher de voir l'homme, davantage que le comédien qui avait un plaisir infini à jouer avec sa fille. À observer leur bonheur complice, assorti à mon trouble de le voir ainsi en face de moi plutôt que derrière un écran ou sous la visière d'un casque, je ne savais plus si j'étais au théâtre, au cinéma, sur un circuit, ou tout simplement si j'étais le spectateur d'une scène de vie. De vies entremêlées entre la leur et la mienne. Au baisser de rideau je me rendis dans les coulisses, espérant pouvoir rejoindre sa loge pour lui dire comme j'étais heureux de le rencontrer sur ce « quai de gare », et que grâce à lui je m'étais autorisé à monter dans ce train de vie. Lui signifier que s'il ne m'avait rien donné de concret, j'avais tant reçu de lui, de ce qu'il représentait.

Planté devant sa porte, je n'osais à peine la frapper, de peur qu'elle ne demeure fermée. J'y allai de plus en plus fort, jusqu'à entendre un « oui » prononcé par l'une des plus belles voix qui soient – au point d'avoir envie de frapper encore pour m'offrir un autre « oui ». Je pris ces trois lettres comme une invitation à entrer, et tout en pénétrant dans l'antre, il m'en offrit encore un, plus interrogatif celui-ci.

J'étais là, en face de lui, immobile, incapable de répondre à sa surprise de voir un inconnu pénétrer son intime espace. J'avais à peine ouvert la bouche pour ne rien dire, que Marie vint le voir pour s'assurer que tout allait bien. La situation était aussi banale qu'émouvante à être témoin de cette folle tendresse entre ces deux êtres. Après qu'elle fut partie, je me retrouvai en face de lui, à moins que ce ne fût en face de moi, incapable d'articuler autre chose que des poncifs forcément consternants. Je lui fis part alors de la perspective de jouer bientôt pour Francis Girod, avec lequel il avait donc tourné *Le Bon Plaisir*. Pour toute réponse il me gratifia d'un autre oui, au ton désormais de celui qui signifie « au revoir et merci ». Alors que j'avais une vie à lui raconter, je me retrouvais à enfiler des perles.

Avant d'abandonner là ce collier qui n'avait effectivement rien de brillant, et de garder pour moi ce que j'avais été incapable de lui traduire, je l'informai de mes résultats aux 24 Heures de Spa, précisant que c'était cocasse d'avoir participé à cette épreuve quelques jours avant de tourner, non plus sur un circuit, mais sous la direction d'un réalisateur commun.

À peine avais-je prononcé le chiffre 24 que son regard s'illumina. Il se redressa et me fit entrer plus franchement dans sa loge. Si les commentaires sur la pièce ne semblaient pas l'intéresser, et encore moins cette histoire de film, il m'invita à m'asseoir et à échanger sur nos trajectoires respectives. J'avais en face de moi un homme redevenu un enfant qui revivait ses années de compétitions, enchaînant autant les questions que les anecdotes de cette vie de passion qui l'avait animé pendant des années. Nous restâmes ainsi trois quarts d'heure à nous livrer sur cet amour commun, comme deux pilotes qui refont la course de leur vie.

Je repense souvent à cette rencontre, et à la chance que j'ai eue de lui voler quelques instants. Ce que nous nous étions confié avait la saveur de ce qui relie deux êtres qui ne se connaissent pas, mais se reconnaissent en une fraction de mots complices. Et notamment par l'évocation de nos accidents de parcours.

Tant qu'ils nous laissent en vie, ils sont à bénir. Par la blessure de leur cause, ils nous incitent, nous obligent même à guérir… À nous soigner pour aller bien ou mieux.

X

Pendant des années, je pansais, sans penser à la cause véritable de certaines de mes failles. J'avançais malgré tout avec les moyens trouvés à bord de mon esquif. À l'instar de mon ami Arnaud van Schevensteen, amputé d'une jambe à l'adolescence, et qui considéra ce problème comme un moteur pour avancer plus vite, plus haut, plus loin.

Avec une jambe en plus, aurait-il participé au Paris-Dakar, à l'escalade du Kilimandjaro et du Mont-Blanc ? Ce que nous avons en moins ne doit pas nous empêcher de faire des choses en plus. Au contraire, il y a lieu de se mettre sur la pointe des pieds pour s'élever davantage, attraper le temps qui passe et tendre les mains pour le caresser.

Je comprends aujourd'hui pourquoi je fus empêché durant tant d'années. J'ai découvert quelle jambe m'avait manqué, et l'énergie que je devais fournir pour fonctionner malgré tout. Alors comme un oiseau qui ne peut voler sans déployer ses ailes, j'ai sorti les voiles comme je pouvais pour voler moi aussi, au-dessus de mes contraintes.

J'ai navigué ensuite entre deux eaux, entre celui que j'étais et celui que j'envisageais de devenir.

Les difficultés que j'avais à me concentrer, à me contenter, à patienter, à faire… tous ces verbes qui faisaient de moi un sujet sans véritable complément furent justifiées par ce syndrome dénommé TDAH. Comme les initiales d'une formule chimique, elles signifient que vous êtes atteint d'un trouble de l'attention saupoudré d'hyperactivité. Joyeux cocktail psychique que j'ai découvert récemment en participant au *Lexique du dyslexique*, une série produite par Cendrine Dominguez pour Canal+, et dédiée aux enfants dys.

À leur expliquer que tout irait bien malgré leur bagage de fortune, je découvrais que j'étais moi-même le plus atteint de tous… Au fil des épisodes, le puzzle de mes manquements se rassemblait en une image de moins en moins floue, laissant apparaître plus précisément ce qui avait conditionné mon mode opératoire.

Comprendre et accepter ce que l'on est, ou pas, voilà une étape fondamentale avant de vouloir s'émanciper de nos travers et de pouvoir les dépasser. Toute la dimension de cette entreprise est là, faire de nos « faiblesses » et de nos aspérités une force singulière, qui ne ressemble à aucune autre. Et dans un même élan de conquête de soi, ne jamais vouloir chercher à plaire à tout prix au risque de solder son âme. Il viendra bien ce temps plaisant où l'autre sera séduit.

Je ne viens pas là pour donner des leçons sur nos devoirs de vie, je partage simplement mon expérience que je tiens pour témoin de ce que je livre ici.

Combien de fois n'ai-je pas essayé d'être plus grand, plus drôle, plus intelligent, plus ceci et moins cela pour me hisser à la hauteur de ceux qui avaient mon admiration. À vouloir trop leur ressembler je ne ressemblais à plus rien. Au fil du temps je compris qu'il me fallait cultiver ce que j'étais fondamentalement, en m'inspirant des autres bien évidemment, mais en me souciant de ne cueillir qu'une partie du jus de leur fruit, et non l'arbre entier.

Je me disais que tout ce qui faisait le déplaisir de certains devait logiquement faire le plaisir des autres. Si je ne pouvais plaire à tout le monde, l'inverse devait être vrai aussi – à condition d'avoir le temps pour compagnon de fortune. Celui qui conditionne la patience et nourrit l'espoir de l'après et du plus tard, sans désespérer de trouver l'issue, ou alors de la fabriquer, pour que la porte s'ouvre enfin.

Ce fut le cas avec Canal+.

Mon arrivée sur la chaîne changea l'ordre des choses, voire complètement le cours de ma vie. Mais si cette arrivée prenait la forme d'un nouveau départ, il m'avait fallu avant cela tirer des bords et appréhender la rose des vents pour me permettre de naviguer sur les ondes. Comprendre les courants et apprendre à nager dans les eaux parfois troubles de ce monde.

Alors permettez-moi de revenir à ce qui me permit d'advenir, et de repartir un peu en arrière pour aller de l'avant…

Je devais avoir 45 ans, et je m'étais installé dans cette idée que je ne serais jamais Brad Pitt ni Di Caprio (quelle lucidité…). À cet âge déjà trop avancé pour être considéré comme un jeune premier, ni même un jeune dernier, je ne me berçais plus d'aucune illusion à l'idée de faire un jour partie de la famille du cinéma ou du théâtre, auréolé d'un statut qui remplit les salles et les pages de magazines. D'autant que ma première expérience de cinéma s'était soldée par l'échec cuisant d'une coupe franche et directe au montage. Et on ne peut pas dire que mon rôle suivant face à Bohringer ait laissé une trace quelconque dans le milieu du 7e art. À côté peut-être, mais certainement pas dans le milieu…

C'est donc par la publicité que je poursuivis mon apprentissage de la caméra. À la faveur de ce format court, je parvenais enfin à jouer quelque chose de… voilà, à jouer quelque chose. Rien de plus ! Mais rien de moins non plus. Sans trop de texte à mémoriser, ni d'émotions trop marquées, je pouvais façonner en l'espace de trente secondes quelque chose d'efficace. Un format qui convenait parfaitement à mon expérience d'alors.

Après m'avoir aperçu sur les patinoires d'impro, Ivan Goldschmidt, réalisateur de publicité au talent reconnu en France et en Belgique, m'invita à participer à quelques-unes de ses campagnes. Il se disait qu'il pourrait peut-être faire de ce drôle de bonhomme un bonhomme drôle.

Je ne sais pas si je l'étais, mais nous avons ainsi mis en boîte une série de spots publicitaires qui furent récompensés par le métier.

Fort de cette expérience, Ivan s'est mis à nourrir d'autres ambitions pour moi, il semblait croire en ma faculté de jouer autre chose qu'un amateur de pizza, le client farouche d'une banque ou un buveur de bière d'abbaye. J'en étais soulagé… heureux surtout qu'il me propose de partager son *Ketchup*. Non pas la sauce, mais le titre de son premier court-métrage réalisé à partir de scènes totalement improvisées. Aussi réussi qu'original, ce film primé dans les festivals attisa davantage encore la gourmandise que nous avions à travailler ensemble. C'est ainsi que nous avons enchaîné avec *Love Comedy*, une pièce de théâtre au nom prédestiné… et un programme court qui suivait les déambulations de « François le Célibataire », personnage foutraque en quête de l'âme sœur.

Ivan fait partie de ces gens qui furent sur mon chemin en Belgique et qui me permirent de marcher mieux pour aller plus loin. De même que Marie-Paule Kumps, merveilleuse comédienne, ou Alain Leempoel qui le premier me donna la chance de jouer sur une grande scène belge de théâtre. Tous ces gens rencontrés furent comme autant de marches d'escalier me permettant d'avancer et d'escalader l'échelle des possibles. Le temps nous a éloignés les uns des autres, mais la distance n'a pas effacé les bienfaits de nos rencontres.

Elles furent essentielles pour la suite de mes aventures, car elles m'ont donné la chance de m'essayer à de nouvelles expériences.

Tout ce que je pouvais faire dans des domaines aussi variés que la pub, le théâtre, l'impro, la télévision, venait nourrir mon manque de formation. Chaque projet devenait pour moi une classe d'apprentissage et l'occasion de provoquer d'autres rencontres. Que ce fût l'animation d'un talk-show sur Event TV, la rédaction de textes pour le *ELLE* Belgique, des rôles plus ou moins importants dans des séries plus ou moins importantes… ou encore la création de différents programmes courts.

C'est probablement l'un d'eux qui fut à l'origine du début de la suite…

XI

C'est en écoutant le témoignage de mes amis devenus jeunes parents que me vint l'idée de *File dans ta chambre*… Les innombrables questions posées par les enfants représentaient une source d'inspiration infinie. « Dis papa, pourquoi la terre est ronde ? », « Pourquoi la neige est blanche ? », « Qu'est-ce que la guerre de Cent Ans ? »… Autant de moments de grande solitude lorsque le père ou la mère se voit confronté à ces interrogations. Il s'agit alors de répondre sans ciller pour éviter de perdre toute la confiance et l'admiration lovées dans l'esprit de nos enfants à notre égard.

Avec mon ami Michel, celui du Cours Florent, nous avons réalisé ce que l'on appelle un pilote, une sorte d'épisode zéro afin d'évaluer l'efficacité de cette idée. Assis dans un fauteuil avec pour simple décor un drap vert tendu derrière moi, et flanqué d'une simple table de chevet à mes côtés, je m'adressais face caméra à Clovis, mon fils présumé qui m'interpellait en voix off.

L'idée était donc de l'entendre poser des questions auxquelles je ne pouvais pas répondre, et d'imaginer alors une définition cohérente me permettant de ne pas perdre la face.

Trois épisodes plus tard, ma cassette VHS sous le bras, j'embarquai dans le train Bruxelles/Paris en direction de France Télévisions.

Une fois arrivé dans le hall aussi vaste qu'imposant, je me dirigeai vers le comptoir principal où je demandai à une hôtesse d'accueil de bien vouloir me renseigner la personne qui s'occupait des programmes. En soi, la question en était déjà un à elle toute seule… « Programme de quoi ? » me demanda-t-elle. L'air désolé, sûrement pas autant que le mien, elle me précisa qu'il y avait un nombre équivalent de programmes que de personnes responsables de départements répartis entre la fiction, le flux, la jeunesse, l'information… je vous passe l'organigramme, et que je devais lui donner impérativement le nom du Monsieur ou de la Madame avec qui j'avais rendez-vous.

C'était bien là le problème, car de rendez-vous, je n'en avais qu'avec ma naïveté et mon ignorance des usages. Elle ne comprenait pas comment et pourquoi j'étais venu là sans m'être assuré que quelqu'un pourrait me recevoir.

J'ignore la matière qu'il y a au-delà de l'aplomb, l'aplatine peut-être… mais je devais en être pourvu car, à l'issue de mon exposé, la responsable d'un service obscur fut appelée en renfort pour trouver une solution au problème que je m'étais chargé de créer.

Elle m'invita à la suivre en me précisant qu'elle était en charge de la promotion des documentaires…

Au vu de la nature de mon programme court, qui devenait très long en cette matinée, je comprenais que c'était la seule solution que mon hôtesse avait trouvée pour me faire dégager le plancher. Fût-il en marbre.

Je le restai d'ailleurs moi aussi, et une fois que nous fûmes arrivés dans le bureau de ma nouvelle interlocutrice, je l'encourageai à visionner ma VHS qui n'avait bien évidemment rien d'un documentaire… Ce qu'elle s'empressa de me préciser avant de prendre congé de moi. Du moins d'essayer…

Voyant avec beaucoup de pertinence que je n'étais pas disposé à m'en aller de sitôt, ni de plus tard non plus d'ailleurs, la responsable des documentaires, qui devenait de plus en plus responsable de moi, invita une autre de ses collègues à visionner l'objet de ma requête.

C'est ainsi qu'une certaine Monique, qui était chargée de gérer la tranche d'information, marqua un intérêt particulier pour ce qu'elle venait de voir. Au point de faire venir Jean-Paul afin d'échanger sur l'intérêt éventuel d'un tel programme sur les antennes de France 3 Picardie. À moins que ce ne fût pour les programmes de la nuit de France 2, auquel cas il y avait lieu d'appeler Martine, qui était responsable de ce type de contenu.

Tous ces prénoms étaient désormais réunis dans le petit bureau transformé pour l'occasion en une salle de visionnage où chacun y allait de son commentaire.

Après quarante-cinq minutes d'échanges entre tous les responsables des services concernés, Paul, à moins que ce ne fût Jean-Paul, ou Martine, ou Alain, ou Monique, vint me faire part du fruit de leur réflexion commune. Un jus amer qui tenait en une phrase… le fameux « on vous rappellera ».

Je ne pouvais me résoudre à croire en cette vaine promesse, qui n'avait pour vocation que de disperser les troupes sans craindre de représailles de ma part. Ils n'avaient pas tort…

Je n'avais pas fait tous ces kilomètres, visité tous ces couloirs, rencontré tout le personnel du 2ᵉ au 6ᵉ, et encore moins nourri tous ces espoirs pour ça, pour espérer un appel qui ne viendrait jamais. N'est pas de Gaulle qui veut… et sans prétendre à considérer mon projet utile pour la France, j'insistai pour qu'il le fût au moins pour la télévision… Et pour moi.

Après avoir accepté d'être contraint… de quitter les lieux sous bonne escorte, je rentrai chez moi avec le sentiment d'avoir tout tenté pour vaincre les préjugés et convaincre les jurés de l'intérêt d'adopter mon programme. Ce n'était certes pas un procès auquel j'avais été confronté, mais j'avais eu à cœur de me défendre en faisant la cour à cette assemblée. Diable, comme j'avais joué l'avocat pour leur soutirer un oui ! Ces trois lettres qui pouvaient changer, comme toujours, le cours des choses.

De même qu'un non, d'ailleurs…

Quelques jours plus tard mon téléphone se mit à trembler – à moins que ce ne fût tout mon être –, à écouter la proposition d'un producteur qui souhaitait programmer *File dans ta chambre* en *prime time* quotidien sur France 2 !

Mon opération commando avait donc porté ses fruits... Et il s'agissait d'en organiser une seconde afin de produire plusieurs épisodes pendant le week-end. Odile allait s'emparer de l'écriture, Michel de la co-production et ma pomme de l'interprétation de ce père totalement dépourvu face aux questions pleines de bon sens posées par « son » fils Clovis.

Cent cinquante épisodes et deux saisons plus tard... la RTBF et ensuite Canal+ Belgique envoyèrent à leur tour Clovis filer dans sa chambre. Quant à moi, je filai vers d'autres horizons...

Ces deux minutes quotidiennes contribuèrent assurément à changer mon quotidien pour les années suivantes. Car sans l'existence de ce paragraphe, le suivant n'aurait pas existé davantage, et ce livre non plus...

J'en viens donc à Canal+… et à Christelle Graillot, qui fut pendant des années une sorte de tête chercheuse de talents en tous genres. Que ce soit le théâtre, le cinéma, les petites ou les grandes salles de spectacle… tout ce qui permettait de se produire d'une manière ou d'une autre était observé, scruté, repéré par Christelle. Elle cherchait les talents susceptibles d'embarquer sur la chaîne cryptée pour y faire le ou la Miss Météo, un rôle dans une fiction, animer une émission, écrire, chanter, danser… En gros, elle repérait presque toutes les figures qui faisaient briller la chaîne.

Toujours cet effet papillon qui me poursuit, ou alors sont-ce ces dominos évoqués plus haut ? Toujours est-il qu'ici encore le hasard des horloges me permit d'entrer en contact avec Christelle par l'entremise de Camille Chamoux. Jusqu'à ma rencontre avec elle, je ne comprenais pas pourquoi j'avais accepté de tourner dans ce téléfilm à l'intérêt plus que relatif, voire même inexistant, si ce n'est celui de gagner ma vie… même si sur le moment j'avais plutôt l'impression de la perdre.

À la suite de ce tournage, une amitié complice se forgea au gré du temps entre Camille et moi. Et lorsqu'elle fut sollicitée par Christelle afin de lui suggérer des idées de rencontres opportunes pour le vivier de Canal, elle glissa mon nom.

À l'époque donc, je vivais gentiment de mon métier de comédien, en partageant mon temps entre le théâtre, le cinéma et autres téléfilms… Sans être en haut de l'affiche, je foulais les planches et les plateaux de tournage avec plus ou moins de plaisir selon les projets. À 45 ans, j'avais remisé mes ambitions de premiers rôles et abandonné l'espoir de percevoir des cachets à plusieurs zéros. Je m'étais accommodé de cette vie, et c'était bien ainsi.

Jusqu'au jour où je fus contacté par Christelle Graillot… Elle m'informa qu'après avoir été alertée par Camille Chamoux, elle avait visionné quelques épisodes de *File dans ta chambre*. Intriguée par mon parcours et sensible à ce qu'elle avait trouvé sur moi ici et là, elle me donnait rendez-vous à Paris.

Dans ce cas-ci, je n'avais pas eu besoin de prendre la réceptionniste en otage de mes arguments pour rencontrer la personne idoine. Oui… on n'utilise que très rarement ce mot qui trouve là bien sa place. Comme moi d'ailleurs, assis dans le bureau de Christelle à observer les photos accrochées au mur. Pendant que je comptais le nombre de ses trophées, de ces figures qui incarnaient la chaîne, elle essayait de me convaincre de l'opportunité de participer à des essais filmés. De prendre part à ce casting qu'elle organisait régulièrement, et qui me permettrait peut-être de figurer moi aussi sur son « *wall of fame* ».

Si je maîtrisais bien les essais préalables aux courses du dimanche, l'épreuve du casting ou des essais filmés avait toujours été pour moi un moment compliqué. J'avais l'impression de me retrouver sur le banc de ces nombreuses écoles visitées vainement pendant des années, et je perdais tous mes moyens avant même de les avoir trouvés…

C'est dans cette logique que je déclinai sa proposition. Par ailleurs, je ne voyais pas pourquoi je devais me plier à cet exercice… Du haut de ma qualité de comédien, je n'avais pas à passer un casting sauvage, sans savoir véritablement pour quelle occasion.

Obstinée, Christelle me relançait jour après jour, m'invitant à revenir la voir avec une idée à déployer face caméra. Je n'aurais à faire qu'un petit aller-retour pour transformer l'essai en de prometteuses perspectives. Entre appels téléphoniques dans le vide, mails insistants et SMS sans réponses, elle se retrouvait confrontée à un mur d'indifférence. Je m'étais drapé dans un orgueil aussi absurde que mal placé. Comme souvent l'orgueil, d'ailleurs…

Après quelques jours de sollicitations, je pris la mesure du ridicule qui m'animait. J'avais effectivement presque un demi-siècle à faire valoir au compteur de mes artères, mais ces années n'avaient pas pour autant fait de moi un acteur accompli qui pouvait prétendre à voir son nom s'inscrire en lettres capitales en haut de l'affiche…

Si je voulais prendre de la hauteur, je devais me faire plus petit…

Lors d'une ultime tentative, j'acceptai sa proposition qui consistait donc à faire « un essai ». J'étais à peine arrivé dans les studios de Canal, qu'elle m'invita à m'asseoir sur une chaise perdue au milieu d'un énorme studio maculé de blanc, avant de se diriger vers la régie. Je me retrouvai donc seul face à une caméra qui s'apprêtait à filmer toute l'ampleur de mon désarroi.

J'avais rédigé un texte qui reprenait le principe du courrier des lecteurs, que je lus à voix haute. En guise d'amusement, tel un amuse-bouche en moins gourmand, j'y répondais par quelques bons mots susceptibles de provoquer un rire ou un sourire éventuels. À faire les questions et réponses face à rien, je me trouvais ridicule, et totalement conforté dans l'idée que bien évidemment je n'aurais jamais dû céder à cette proposition. Au contraire de Christelle qui vint me rejoindre depuis la régie avec un enthousiasme inversement proportionnel au mien. Elle m'informa que ma séquence serait reprise sur un DVD envoyé à tous les services de la maison, et que je pouvais donc m'attendre à être sollicité dans les prochains jours…

365 jours plus tard, un an pour les amateurs de calendrier, ou un siècle pour les plus impatients… Alors que j'avais bien entendu remisé cet épisode que j'estimais humiliant au placard des oublis, je fus recontacté par Christelle, qui ne manqua pas d'évoquer notre rencontre afin de se rappeler à mon bon souvenir. Mais comment aurais-je pu oublier ce moment de grande solitude ?!

Sa voix enjouée présumait d'une bonne nouvelle, car si un an avait passé, c'était sans doute le temps à payer pour saisir l'opportunité qui allait s'offrir à moi. Elle m'informa que la Miss Météo de la *Matinale* avait décidé de s'octroyer un jour de plus dans l'organisation de son week-end dès le vendredi de cette fin de semaine… Je ne voyais pas où elle voulait en venir en me parlant de cette place laissée vacante. De toute évidence, je me doutais qu'en regard de mon parcours, il ne s'agissait pas pour moi de faire la Miss Météo, d'occasion de surcroît…

Bingo… c'était bien de cela dont il était question ! La remplacer au pied levé.

À cet instant précis, je repensai à la plante verte et au poisson rouge qui avaient été témoins de mes tourments alors que je cherchais quelques écus pour m'évader du bureau où logeaient mes ambitions refoulées. Je repensais à ces trajectoires que j'étais parvenu malgré tout à emprunter et à ces coupes dans lesquelles j'avais bu le champagne de mes victoires. Mais point de Césars ou de Molières à l'horizon de mes étagères, rien qui venait sacrer l'exercice délicat d'un rôle digne de ce nom, par le jeu d'un personnage incarné ou d'une histoire bien contée. C'étaient plutôt à des jeux de rôles que je m'étais adonné, abonné même.

Peut-être que quelque chose avait enrayé la dynamique de mes ambitions, que le talent était latent plutôt qu'ardent, que j'avais manqué de chance, d'opportunités, de je-ne-sais-quoi encore… mais un des étages de la fusée ne s'était pas détaché, à moins que ce ne fût sa trajectoire biaisée, au point de me voir proposer le remplacement d'une Miss Météo partie en villégiature.

En réalité, je n'avais pas grand-chose à perdre en acceptant de parler de la pluie et du beau temps en remplacement de Julia Vignali.

C'était à moi d'imaginer une manière singulière de le faire et de convoquer le soleil pour donner l'illusion que j'en connaissais un rayon. Et si des astres il en serait question, je me devais de les faire briller et d'éclairer les lanternes du matin sans faire mine de passer des orages au désespoir. Du tout petit matin même puisque je fus convoqué à 5 heures dans les studios de Canal près de Boulogne. À défaut d'être frais, je devais être dispo dès l'aube, et j'avais donc logé dans un hôtel à quelques pas d'Issy.

Je ne savais pas qu'il y avait des chambres proposées à moins de 40 € la demi-nuit… Ce que j'appris en revanche, c'est que le matelas n'était pas forcément compris dans le prix. Du moins un matelas entier sans trous… Je me lovai dans l'un d'eux, comme un petit animal qui ne sait où se protéger.

J'étais dans le trou, au sens figuré, comme au presque propre…

La nuit ne m'apporta aucun conseil… sinon l'enseignement qu'elle peut être longue à espérer qu'elle nous libère. J'étais le prisonnier d'un constat qui avait pour cellule un studio de télévision. J'avais fait tout ça pour en arriver là… pour finir dans un hôtel de passe où rien n'allait se passer sinon ce moment où la sonnerie viendrait réveiller ma condition.

Après une douche forcément froide et un café trop chaud, j'emmenai ma mine tiède dans les rues désertes de l'aurore.

Je me retrouvai au pied du logo Canal qui illuminait la Seine, à défaut d'illuminer la mienne. Une bonne âme vint m'accueillir à la porte d'entrée… enfin, accueillir est un grand mot : il me fut demandé ce que je faisais là, planté à cette heure-ci devant la porte. Quelqu'un expliqua que je venais pour présenter la météo. Je m'étais tellement détaché de cette perspective que je n'avais pas réalisé que c'était bien moi qui avais répondu…

Après un moment d'attente, Céline Pigalle, la productrice qui m'offrait cette chance, vint me chercher pour me faire découvrir le plateau et les équipes en place. Maïtena Biraben présentait l'émission du lundi au jeudi ; je fis ainsi la connaissance de Caroline Roux qui était aux commandes de l'édition du vendredi. Elle était entourée de journalistes et de chroniqueurs qui avaient pour mission de rythmer cette tranche d'info très attendue. Les présentations furent brèves car je devais déjà me préparer à entrer en scène.

Tout juste installé, j'eus à peine le temps de souffler un bonjour d'usage que déjà le prompteur m'invitait promptement à le déshabiller du regard, à y plonger mes yeux pour lire ce que j'avais à dire à propos de Bachar el-Assad, du moins de raconter par le détail mon entrevue imaginaire avec lui.

C'était le début du Printemps arabe, et le dirigeant indirigeable syrien faisait la une des médias. J'avais alors pris le parti… sans jeu de maux, de dépeindre ce dictateur comme un être charmant et généreux. D'évoquer la chaleur de l'accueil qu'il m'avait réservé lors de ma visite en son palais, au point de jouer avec lui au « premier qui rit sort ». Afin de coller au plus près de mon sujet, cela donnait ceci… « je te tiens, tu me tiens et Syrie il a une tapette »…

Au fil de ces quelques secondes qui m'apparurent comme une éternité de souffrance, je découvrais l'air ahuri de mes nouveaux collègues à l'écoute de ma lecture. Il se passait quelque chose. Je ne savais pas si c'était de l'ordre de la catastrophe ou de la satisfaction.

Avant de me présenter devant les caméras, il m'avait été suggéré d'ouvrir un compte Twitter car cette émission était très partagée sur les réseaux. Est-ce parce qu'il fut rebaptisé X par la suite qu'il est devenu le déversoir de l'obscène… là n'est pas la question, mais j'avais ma réponse à lire les messages à ma sortie de plateau. Je m'étais fait un nombre invraisemblable de nouveaux « amis » en l'espace de quelques minutes, et leurs commentaires me laissaient deviner que les choses s'étaient plutôt bien passées… au point d'être convié à renouveler l'exercice la semaine d'après.

Je n'avais donc pas dormi dans un trou pour rien…

D'autant que dans les jours qui suivirent, Stéphane Bern me proposait de le rejoindre sur RTL dans son émission *À la bonne heure*, aux côtés notamment de Patrice Carmouze.

L'aube de mes doutes – que j'avais vécue en ce premier matin du reste des jours à venir – s'était dissipée. Elle faisait place à une lumière qui ne m'avait jamais éclairé de la sorte. Cette exposition télévisuelle assortie aux ondes radio me permit d'exister un peu plus dans ce paysage aussi médiatique qu'hermétique.

Cependant, ce n'était rien en regard de ce qui allait se produire dans les mois qui suivirent...

Toutes les semaines je refaisais mon Paris. Je gagnais la capitale au propre comme au figuré, jusqu'au jour où je fus approché par les dirigeants de la chaîne. Ils voulaient me proposer autre chose que d'accompagner le réveil des spectateurs. De l'heure du croissant je passerais au poulet du dimanche dans un nouveau rendez-vous télévisuel produit par Laurent Bon.

Il est rare d'évoquer le nom d'un producteur, mais il s'agit ici de parler de celui qui fut aux commandes du *Petit Journal* et du *Grand Journal* avec l'excellent Renaud Le Van Kim (cofondateur de Brut...). C'est à lui aussi que revient le succès de *Quotidien*, animé par Yann Barthès.

Laurent me proposait de rejoindre *Le Supplément*, une nouvelle émission qui serait présenté par Maïtena pour évoquer l'actualité de la semaine. Elle serait composée de différents intervenants, dont Cyrille Eldin et Nicolas Demorand, et où il m'était proposé de poursuivre mes rencontres surréalistes.

C'est à partir de ce rendez-vous dominical que je me suis rendu compte de ce que pouvait être l'impact d'une exposition… d'une explosition médiatique. Ce que cela représentait de s'inviter chez les gens à travers un écran de télévision. De partager avec eux un morceau d'épaule ou de gigot à l'heure sacrée du déjeuner.

Mon intervention en fin d'émission s'intitulait « Retour vers le futur », et le compte rendu de mes rencontres avec des personnalités de tout ordre devenait un rendez-vous de plus en plus remarqué. D'un week-end à l'autre, je passais de Napoléon à Claude François, de Lady Di à Charles de Gaulle. Je faisais le tour du monde avec mon clavier et mon imaginaire pour passeport.

Les magazines commencèrent à s'intéresser à ma pomme. Qui était donc ce Belge à la diction relative qui usait des mots pour en faire un jeu de piste difficile à suivre ? Que fallait-il comprendre dans l'incompréhension des propos débités à haute fréquence ?

Pourquoi Maïtena était-elle à ce point hilare pour imprimer une ambiance aussi folle sur le plateau ? Les micros m'étaient tendus de toutes parts pour m'en expliquer. Je découvrais un nouveau monde, celui de la presse qui s'empresse de vous presser… de questions en tous genres.

Je me retrouvais ainsi à figurer sur la fameuse « 4e de couv' » de *Libé*. Espace sacré qui sacre. En être, c'est comme avoir sa table en vue chez Lipp pour ceux qui lapent, qui ont soif de voir et d'être vus. Je l'ignorais…

Je découvrais.

Mais à être tenté de s'attabler à toutes ces tables qui offrent le découvert, il me fut suggéré de louer les services d'une attachée de presse. Jamais de ma vie je n'aurais imaginé devoir m'attacher à quelqu'un de la sorte… Et pourtant, elle me fut bien utile, essentielle même, pour gérer les demandes qui dévalaient les « unes » après les autres.

Je me retrouvais dans un tourbillon médiatique qu'il me fallait gérer pour mieux digérer. Dire non à celui-ci pour préserver celle-là, et inversement. J'avais eu la chance qu'Emilie Kindinis veuille bien s'occuper de ma nouvelle condition. C'est elle qui se chargea de me décharger de cette entreprise. Mon attachée me détachait de tout cela avec une ferme douceur.

Et tout cela n'était encore rien par rapport à la suite… C'était avant l'épisode avec Nabilla et la sortie de mon premier livre, *Voyage en Absurdie* !

Le Supplément déroulait son programme, et vers la fin de l'émission il m'était réservé une entrée à la mise en scène conséquente. Assortie d'une musique tonitruante et d'un public chauffé à blanc, rien ne m'était épargné pour alléger le stress de l'exercice.

Après une semaine d'écriture consacrée exclusivement à la rédaction de mon texte, à chercher le mot précis comme on cherche la note juste, il me fallait beaucoup de concentration pour lire le fruit de ce long travail sur mon prompteur aux côtés d'invités de toute nature. Qu'ils fussent un brillant philosophe, une énarque réputée, une grande romancière ou un politique averti.

Mon rendez-vous des dimanches était de plus en plus attendu, et j'étais heureux de voir que la pointe de mon stylo m'avait amené à jeter l'encre sur des rivages aux vents de plus en plus favorables. D'un calme relatif, ils prenaient la forme d'une bise qui venait caresser mes angoisses existentielles.

Le texte de ce jour particulier était consacré à la royauté, et pour voisine de plateau je découvrais la plantureuse Nabilla, reine de la téléréalité, connue pour cette expression devenue culte… « T'es une meuf et t'as pas de shampoing… » Il y a des phrases comme ça qui demeurent. Elles vont de « Je vous ai compris » à « Ich bin ein Berliner », en passant par « Non mais allo, quoi »…

Question d'époque. Épique celle-ci. Ce qui le fut tout autant, c'est le rapprochement de deux mondes, aussi surréalistes l'un que l'autre avec Nabilla que je conviais en Absurdie.

L'exercice suggérait que naturellement l'invité n'interrompe pas le numéro d'équilibriste auquel je me prêtais, mais à peine avais-je commencé à dérouler mon texte que Nabilla m'interrompit à propos d'une première phrase qu'elle n'avait pas comprise. Et puis une seconde avant une troisième. Cet enchaînement de questions m'amenait à tenter de répondre tout en maintenant le fil rouge de mon histoire.

La naïveté dont elle faisait preuve, à se demander ce que je racontais, était aussi drôle que désarmante. Ainsi, cet échange surréaliste donna lieu à une séquence qui devint virale. Semaine après semaine, le nombre de vues dépassait l'entendement, et je découvrais ce qu'était un buzz médiatique. Au fil des mois et des années, ces quelques minutes de télévision devinrent cultes. Dix ans plus tard, on me parle encore toutes les semaines de cette rencontre d'un autre type qui fut visionnée des millions de fois. Et une question revient sans cesse : a-t-elle fait exprès d'apparaître comme une femme candide à la naïveté désarmante ? Je l'ignore, et pour être honnête je m'en fiche royalement. Nous avons vécu ce moment de télé avec une humeur très joyeuse et c'est bien là l'essentiel !

De cette époque du *Supplément* je garde le souvenir d'une complicité merveilleuse avec Maïtena. Elle fut un élément essentiel à l'efficacité de ce genre d'exercice. Un peu comme le clown blanc et l'auguste. Et puis je me sentais porté, accompagné et formidablement entouré par les équipes de Bangumi, cette production qui était à la manœuvre, et Laurent Bon en particulier, à qui je dois d'avoir pu vivre ce succès télévisuel et qui bouleversa ma carrière par la suite, et donc ma vie.

De ce premier jour à la *Matinale* jusqu'au *Supplément*, j'ai embarqué dans cette fusée Canal+ qui m'a propulsé hors de ma zone de confort.

Et comme toujours, il y a des gens derrière qui ont contribué à me mettre devant.

Alors comme ils sont dans l'ombre, du moins pour le grand public car ce sont de grands pudiques, je tiens à mettre la lumière sur Maxime Saada, qui est aujourd'hui l'amiral de ce merveilleux navire qui a embarqué tant de talents sur son pont. Ainsi que sur Christophe Debacq qui fut mon complice d'écriture dans l'exercice du prêche à la ligne. Il m'a éclairé à en noircir quelques-uns de ses caractères. Et dans l'orchestration de mes notes, il fut parfois comme un arrangeur sans qui la musique n'aurait pas été portée par la même clé. Je l'avais rencontré quelques années plus tôt, au milieu de ma messagerie qui n'offrait que peu de chance à un inconnu d'émerger dans l'accumulation de mails non traités.

Si je n'avais décidé de faire un peu d'ordre dans mes indésirables, je n'aurais pas remarqué l'intitulé de ce message qui m'invitait à lire quelques-uns de ses textes. Deux trois phrases suffirent pour me convaincre de découvrir ce Christophe qui n'apparaissait nulle part sur la Toile. Il y avait bien celui des mots bleus de l'amour, mais sur celui des mots d'humour, rien.

Au terme d'un rendez-vous qu'il me serait difficile de raconter ici sans y consacrer trois nouvelles pages… je lui proposai de le prendre sous mon aile et de croiser nos plumes alors même que je commençais à prendre mon envol médiatique.

XII

Dans le tourbillon de ce rendez-vous cathodique, je fus convié à la table de bien des plateaux et studios en tous genres. Et après mon expérience radio avec Stéphane Bern, c'est aux côtés de Pascale Clark que je passai une année de plus sur les ondes. Pour m'être laissé bercer auparavant par sa voix merveilleuse, la rejoindre sur France Inter fut un honneur teinté d'une émotion toute particulière.

Il y en eut des invitations à cette époque. Tant de premières à l'âge des presque dernières... Des baptêmes du feu cinématographiques (avec Gérard Depardieu ou Carole Bouquet), théâtraux (avec les auteurs du *Prénom*, Matthieu Delaporte et Alexandre de La Patellière, qui me donnèrent ma chance au théâtre Édouard-VII avec Bernard Murat). Des cartons pour des soirées, des avant-premières, des laissez-passer qui me laissaient penser que j'en avais été interdit pendant des années.

Et puis des premières fois médiatiques aussi, avec ces figures qui faisaient les beaux soirs de la télévision. Car ce n'était pas rien que de s'asseoir le dimanche sur le canapé rouge de Drucker ou le samedi soir sur celui de Ruquier.

De se soumettre à l'interview très « Terriens » d'Ardisson ou à celle de Lapix, à l'époque aux commandes de C à vous.

De ces jours où l'on me conviait, il en fut un particulier…

Un très beau jour, même… puisque je reçus une invitation à me rendre dans les bureaux de Plon, prestigieuse maison d'édition située alors place Saint-Sulpice. Muriel Beyer, éditrice de renom, souhaitait me rencontrer pour évoquer le projet d'un livre.

Assis devant l'une des éminentes représentantes de ce monde littéraire, je me demandais bien ce qu'elle aurait à me proposer. D'autant qu'habituellement pour les candidats auteurs, il s'agit d'envoyer des manuscrits à plusieurs maisons d'édition en espérant recevoir a minima une lettre de refus, sinon d'attendre que le silence ne s'offre en guise de réponse.

Je n'avais rien envoyé, rien demandé, et voilà que je me retrouvais avec la proposition d'un contrat qui assurait la publication d'une première salve de mes textes. Muriel m'expliqua que selon la tradition, je percevrais une avance de quelques milliers d'euros à la signature de nos accords. Il s'agissait d'une somme équivalente à un tirage de 5 000 exemplaires. J'étais confus, pour bien des raisons…

La première, de me voir proposer d'éditer un livre avec mon nom sur la couverture. La seconde, d'être payé pour ce livre qui n'existait pas encore. Et la troisième, plus cocasse, de demander si je devais rembourser cette somme en cas de ventes inférieures à ses prédictions. Sachant qu'un best-seller se situe à 50 000 exemplaires, il y avait matière à poser cette question… Muriel m'offrit un sourire en guise de réponse. Je lui souris en retour, et entre ces deux moues de circonstance, je sortis de son bureau avec le bonheur infini d'avoir rencontré la gardienne d'un temple, celui qui loge l'intime de l'écrit, et qui vous mène à la page pour laquelle on se livre…

Maison et édition faisaient bon ménage. Je serais donc accueilli dans une maison avec un toit pour y coucher mes émois. Quel privilège que la perspective de se voir édité. De pouvoir partager des fragments de phrases auprès de lecteurs qui devineraient, par les mots employés, une partie de nos maux dévoyés. Cependant je me ressaisis assez vite de cette ivresse, car une fois la date de publication programmée, je mis en garde Muriel contre l'échec potentiel de cette sortie. En effet… Je ne croyais absolument pas au succès d'un tel ouvrage, car il me semblait nécessaire de dicter ce texte selon un rythme particulier, et de l'entourer d'une énergie aussi solaire que celle que Maïtena me servait sur le plateau. Et donc, que cette séquence adaptée à l'écrit ne susciterait aucun enthousiasme particulier.

Rien n'y faisait pour décourager Muriel qui m'assurait connaître son métier… Et mon livre *Voyages en Absurdie* sortit dans les librairies quelques semaines plus tard, à l'automne 2013.

Après quelques jours de présence dans les rayons, Muriel m'informa que je pouvais être rassuré quant à l'avance qu'elle m'avait consentie, dans la mesure où tous les exemplaires avaient été vendus. Elle enchaîna rapidement en me précisant qu'elle allait réimprimer 5 000 exemplaires supplémentaires. Je me permis de la prévenir que si nous avions eu la chance d'écouler la première salve, il en irait tout autrement pour la suivante, et qu'elle commettait là une erreur. Muriel m'assura qu'elle connaissait son métier…

10 000 exemplaires plus tard, soit à peine deux semaines après la réimpression de mon ouvrage, Muriel m'informa que tout avait été vendu, et qu'elle allait désormais passer à 25 000 unités. Nous étions donc à la moitié du tirage habituellement défini pour considérer un livre comme un best-seller… Je ne pouvais croire à ce qui était en train de se passer, et c'est donc tout naturellement que je pressai Muriel de faire preuve de bon sens, et d'arrêter là les réimpressions.

Si Muriel connaissait son métier… elle était quand même très surprise de voir le succès à peine croyable de mon livre. Au point de s'assurer auprès des grossistes qu'ils étaient bien considérés comme vendus sur les étals et non en transit dans des cartons de livraison !

Après vérification, il s'agissait bien de milliers de lecteurs qui avaient pris un billet pour voyager en Absurdie ! Au fil des semaines je voyais le nom de mon livre grimper dans le classement repris par les magazines. 50, 70, 90 000 exemplaires étaient répertoriés au compteur des ventes de novembre. Passé le chiffre symbolique des 100, je tâchai de raisonner mon éditrice quant à ses projets de réimpression.

Elle me précisa que nous étions à quelques semaines des achats de Noël… et qu'elle connaissait son métier.

Quelques mois plus tard, lorsque je fus invité par le magazine *L'Express* au déjeuner des meilleures ventes de livres de l'année, il était devenu évident que Muriel connaissait bien son métier !

Avec 350 000 exemplaires vendus, je pouvais prétendre à partager le couvert aux côtés des stars de l'édition qui étaient toutes réunies pour l'occasion. Entre Jean d'Ormesson, Amélie Nothomb, David Foenkinos ou encore Pierre Lemaître, je me demandais bien où était Charlie… J'étais comme égaré dans cette assemblée, qui pourtant m'offrait une place de choix. Je n'avais pas les mots, paradoxe, pour décrire non pas la fierté mais l'honneur, ou alors les deux… que je ressentais à l'idée d'être sur cette photo de famille dont je ne faisais *a priori* pas partie.

Entre deux petits fours, je repensai à ces autres fours qui avaient jalonné mon parcours. Mais surtout me revint le souvenir du premier exemplaire de mon livre tout juste sorti d'impression que je m'étais empressé d'offrir à ma mère.

Je lui avais tendu mon ouvrage en précisant qu'il s'agissait là peut-être de mon diplôme… celui qu'elle avait désespéré de voir un jour.

De cette période, je garde en mémoire une somme de moments particulièrement heureux. Ils étaient comme ces vents frais qui viennent vous caresser l'âme. Ce courant d'art me faisait plus que du bien, il me faisait du mieux. Ce succès inattendu était comme un signe de reconnaissance, qui plus est par les mots, ceux-là mêmes que j'avais considérés un temps long comme des adversaires, et qui devenaient là les complices d'une résurrection, ou alors était-ce une naissance ? Je le crois.

Je découvrais un bonheur qui m'avait souvent échappé. Une reconnaissance professionnelle venait frapper à ma porte, et je crois que cela coïncidait avec la plus joyeuse des périodes vécues au sein de mon cocon familial. Mon couple voguait sur des eaux douces, et mes deux filles avaient l'âge de ce temps qui crée les plus beaux souvenirs. De ceux qui se composent à chaque pas nouveau, où tous les instants sont des lieux de découvertes, des écrins où l'on range l'essentiel de nous-même et de ce que fait l'autre de nous.

Zélie et Ninon avaient la hauteur des pommes, cet âge tendre à la délicatesse infinie.

Belles comme le jour, lumineuses comme ce soleil et sa boîte de rayons de couleurs, elles inondaient de leur grâce cette vie qui recommençait à chaque instant.

C'était le temps de tant de tout.

Ils sont rares ces jours où tous les sens se confondent en un seul, pour s'autoriser à penser que parfois tout cela en est pourvu. Le pommier est devenu plus grand, et les fruits de nos amours passées demeurent la source la plus intarissable de l'essentiel.

XIII

J'aime à penser que nous devenons ce que nous sommes. Et pour cela il nous faut additionner les vies et rapatrier les veilles pour envisager les jours à venir.

Mon livre et ce qu'il représentait dans son ensemble furent probablement l'addition de l'avant. Il fut une délivrance, et avec lui je tournai une page pour conquérir d'autres chapitres. Il semblerait même qu'il fit bonne impression et que ses bons caractères s'étaient mués en lettres de noblesse, au point d'inciter le ministère de la Culture à me nommer chevalier des Arts et des Lettres. Ce ne sont pas tant les décorations qui aménagent mon for intérieur ou qui ménagent mon ego, c'est le symbole, celui d'une France qui me disait aimer ce que je faisais chez elle.

Nul n'est prophète…

Dans la foulée de cette distinction, je reçus le prix Raymond-Devos des mains d'Aurélie Filippetti, ministre de la Culture. Je ramenai ainsi ces « diplômes » d'un autre type à ma mère avec de nouveaux livres, qui rencontrèrent à leur tour un succès me permettant de remettre le couvert à la table des auteurs.

Si je n'étais pas plus assuré quant à ce sentiment de légitimité qui me faisait toujours défaut, je parvenais malgré tout à goûter plus franchement aux bonheurs que m'apportait ce nouveau « statut ». Les gens du métier qui me regardaient de haut ou de biais avaient désormais d'autres vues sur moi. Et ces autres qui ne m'avaient pas vu semblaient vouloir m'observer de près.

Il y aurait donc un avant et un après Canal+.

J'avais été décodé…

À la suite de tout ceci, le cinéma et le théâtre commencèrent à me proposer des premiers rôles. J'étais accompagné en cela par Cécile Felsenberg, l'une des agentes les plus en vue de la profession. C'est un peu comme si j'avais intégré l'écurie Ferrari…

On ne se refait pas.

C'est Dany Boon, que j'avais rencontré à la sortie de son spectacle, qui joua les entremetteurs pour me permettre d'intégrer UBBA, l'agence de Cécile. Voilà encore une rencontre qui me permit d'avancer…

Mais point de Dany sans Stéphane Freiss… à qui je donnais la réplique dans un téléfilm tourné à Bruxelles.

En l'espace de trois scènes nous étions connectés. Comme deux âmes sœurs qui se trouvent sans avoir besoin de se chercher.

Notre amitié prenait ses racines en mes terres, fertiles au point de faire de nous des amis très proches, même de trop loin désormais. Peu de temps après, Stéphane m'imposa lors d'une lecture d'un projet de pièce qui devait se jouer au théâtre Montparnasse. J'aurais à jouer son meilleur ami, ça ne s'invente pas. Passé cet exercice, je me retrouvais quelques semaines plus tard à fouler les planches d'un grand théâtre parisien pour la première fois. Je lui devais cette expérience fondatrice, une de plus.

Et Dany dans tout ça ? Je sais, voilà les risques d'une balade à travers les champs d'une vie multiple. Je creuse un sillon et puis j'enfourche celui d'à côté, de la digression pour mieux labourer la terre de mes souvenirs.

J'avais fait part à Stéphane de mon enthousiasme à l'égard de Dany, pour lequel il avait tourné dans *Les Ch'tis*. Et puis un soir, peu de temps après cette discussion, je passai par hasard devant le Cirque Royal de Bruxelles où il se produisait. Cette heure tardive devait correspondre à la fin de son spectacle. J'entrepris alors de faire mon cirque et de le saluer en coulisses.

Je ne sais pas ce que j'attendais de cette rencontre, mais j'attendais…

Quant à vous, je ne sais pas à quoi vous vous attendez d'un tel chapitre, mais il mérite d'être raconté par ce qui va suivre.

Du moins je l'espère...

Une fois qu'il fut sorti de sa loge, nos regards se croisèrent. Plus précisément je tentais de croiser le sien... Passées les amabilités d'usage, qui occupèrent une bonne partie de nos échanges, Dany prit congé de moi, donc de nous, en emportant mes coordonnées. Il préparait un film, et il avait peut-être une proposition à me faire. Une rencontre, un bonjour/bonsoir, un rôle éventuel... tout ça en l'espace de quelques minutes.

J'avais semble-t-il bien fait de m'arrêter par hasard... Quelques jours plus tard, je reçus effectivement un message de la production qui m'invitait à lire le scénario de son prochain film. Dany me proposait de jouer son avocat dans *Supercondriaque*. On ne va pas se mentir... cette comédie ne restera pas au panthéon du cinéma, mais ce tournage confortait la complicité qui nous animait. Elle fut précieuse dans le déroulé de la suite...

Quelques années avant de jouer l'avocat de Dany, j'avais écrit un court-métrage mettant en scène un procès relativement surréaliste qui racontait l'histoire d'un homme poursuivi pour homicide sur sa propre personne. Le président de la cour menait les débats face à cet accusé qui avait tenté de se suicider, et j'avais secrètement rêvé de voir François Berléand enfiler la robe d'un magistrat dans laquelle il serait forcément magistral.

Je caressais l'espoir de compléter ce casting avec Pascale Arbillot, actrice géniale aussi bien dans le drame que dans la comédie. Il resterait à trouver le comédien pour le rôle de l'accusé et de son avocat. Seule ombre au tableau de ce projet ambitieux, je n'avais ni les moyens, ni l'expérience, ni la notoriété suffisante pour me retrouver derrière la caméra.

Mais un soir de ripaille où le vin remplissait nos vers de bonnes intentions, Dany me demanda si je n'avais pas quelque chose de mon cru à lui faire lire. J'évoquai alors les deux courts-métrages que j'avais écrits : *Palais de justesse* et *Qui ne dit mot*, précisant dans la foulée qu'ils reposaient depuis un trop long moment dans un tiroir bien trop hermétique.

Il me demanda de les lire…

Bien sûr que c'était aimable de sa part de s'intéresser à mes histoires, mais de là à ce qu'il me rappelle dès le lendemain pour me proposer de produire le premier, il y avait une marge… qu'il voulait franchir dès le mois suivant.

Dany m'invitait donc à contacter Berléand et Arbillot afin de m'assurer de leur disponibilité et me pressait dans la foulée de composer l'équipe technique. Là aussi il se montrait aussi généreux qu'entreprenant en proposant de mettre à ma disposition toute sa team de tournage. Décor, script, son, et à l'image, Romain Winding qui venait de se voir césarisé pour *Les Adieux à la reine*.

Le roi désormais, c'était moi… Du moins je recevais là une proposition aussi royale qu'inattendue.

Restait à distribuer le rôle de l'accusé et celui de son avocat. Dany se proposa d'incarner le premier, et m'obligea à jouer le second. J'allais donc me retrouver à défendre à nouveau Dany face caméra… et derrière. Ces deux missions me paraissaient délicates pour une première expérience. J'aurais à diriger… du moins à guider, une distribution trois étoiles en même temps qu'il me faudrait assumer ma casquette de réalisateur avec tous les aspects liés à la réalisation d'un film.

Le tournage fut une merveille, le duo Berléand-Arbillot irrésistible, et Dany formidable dans un registre qui le confirmait dans sa qualité de comédien dramatique ! Il fait partie de ces acteurs de comédie qui excellent dans le drame. Il s'était révélé formidable dans *Joyeux Noël*, un film de Christian Carion où son interprétation faisait penser à Coluche dans *Tchao Pantin*. C'est le cas aussi pour François-Xavier Demaison, dit « FX », qui lui-même incarnait Coluche dans le film d'Antoine de Caunes.

FX… ce ne sont donc pas des lettres qui évoquent les effets spéciaux d'un film, mais bien l'effet très spécial qu'il provoqua lors de notre première rencontre à l'occasion du tournage d'un thriller réalisé par Grégoire Vigneron. Le nom du réalisateur était visiblement prédestiné puisque c'est François-Xavier qui s'occupa de m'initier à la découverte du vin.

Autour de quelques verres partagés dès le premier soir, nous faisions le sarment de boire au nom d'une amitié naissante. Si le film s'appelait *Sans laisser de traces*, il en laissait une sérieuse car, depuis ces premières gorgées, François-Xavier fait partie de mes amis les plus proches. Et si j'aime le vin à ce point, c'est par les enseignements qu'il m'a apportés sur la nature des différents cépages et leurs spécificités.

Redoutable dans la dégustation à l'aveugle, il se révèle être une véritable encyclopédie lorsqu'il s'agit d'évoquer les origines et les histoires d'une bouteille. Alors ce n'est pas que l'anecdote de notre rencontre soit irrésistiblement passionnante, mais elle illustre ce qui m'a été donné de vivre grâce à lui.

Avec le vin je découvrais ce qui me fait tant défaut, le goût de l'instant présent et la faculté d'en jouir. Mais l'instant tannin… est différent, il devient un moment que j'emporte avec moi, il est un marqueur du temps et imprime le souvenir de l'autre avec lequel les sens ont été mis en éveil. Et puis avec le vin, on entame bien autre chose que de simplement boire un verre.

Avant d'ouvrir une bouteille, il s'agit de choisir déjà la destination du voyage. La région, le cépage, le millésime, ces éléments qui participeront à dessiner les contours d'une émotion à venir… ou pas. Ensuite il s'agit de trouver le verre dans lequel viendra se lover la syrah ou le merlot, le cabernet, le pinot ou le chardonnay. Car il faut apporter le soin nécessaire au défilé que ce rouge ou ce blanc viendra offrir dans sa robe de sortie.

À bien y réfléchir, à quelques exceptions près, je ne partage ce plaisir du vin qu'avec mes amis français. Que ce soit l'Italie avec Freiss, la Bourgogne avec Berléand ou le Rhône et le Bordeaux avec Demaison. Comme si la culture belge m'emportait davantage vers le houblon que le raisin. Et même si j'adore la bière, son ivresse n'a pas la même saveur que celle de la vigne.

Avec elle, je me suis enivré de bien des moments qui me reviennent comme un album de souvenirs. Dans ses pages précieuses vient également se loger François Berléand pour qui je nourris une tendresse toute particulière. Voilà quelqu'un de rare dans ce métier compliqué, il fait partie de ces gens simples que vous voulez prendre dans vos bras, comme un grand frère, un oncle ou une tante… pour les amateurs de camping. C'est un ami de vin et de cinéma, qui devint mon ami tout court.

XIV

Le vin n'a pas toujours été le compagnon d'instants joyeux. Il était devenu le meilleur ami de mon père qui le convoquait dès le matin.

Après le divorce de mes parents, à l'époque de mes dix ans, je passais les week-ends chez lui, rejoignant ainsi Éric et Pierre, mes deux frères aînés qui étaient restés dans la maison familiale. Étant le trop petit de la famille, je ne partageais pas grand-chose avec eux lors de mes séjours hebdomadaires. Je me retrouvais très souvent seul avec mon père, qui ne savait trop que faire avec moi pour animer les samedis et les dimanches. J'arrivais le vendredi soir, nous dînions tous les deux, et je montais ensuite dans le grand lit de la chambre paternelle pendant qu'il finissait le goulot. Après que Saïda, la fille au père… engagée depuis quelques mois, eut terminé son service, elle me retrouvait à l'étage et nous regardions la télévision ensemble.

Dès la mire de fin avec l'animation de Folon, je rejoignais ma chambre, et il n'était pas rare que le bruit des marches de l'escalier, que mon père tentait d'escalader, me sorte de mon sommeil. J'avais l'impression que chaque tentative se solderait par une chute fatale, tant l'alcool faisait du bruit.

Je m'étais habitué à ces soirées immuables, ainsi qu'aux petits miracles qui me faisaient retrouver mon père dès le matin, prêt à déboucher une nouvelle journée.

Nous habitions dans un joli quartier résidentiel de la banlieue de Bruxelles, et le calme de ses rues rendait plus facile et moins risqué mon apprentissage de la conduite. Oui… du haut de mes dix ans j'avais réussi à convaincre mon père de m'apprendre à tenir un volant entre les mains. Assis sur ses genoux au début, je passai ensuite à l'usage des pédales. Si bien que quelques mois plus tard, je parvenais à conduire sa voiture, que je ne me privais pas d'emprunter pour parfaire ma formation.

Nos journées étaient rythmées par de longues parties de backgammon, et le reste du temps, lorsque je ne faisais pas vivre l'enfer à mes frères en jouant le flic de service, je faisais la liste de mes envies. J'étais le petit dernier que mon père n'hésitait pas à gâter plus que de raison.

De déraison il était question en revanche lorsque je l'accompagnais certains soirs dans un bar situé à quelques flacons de chez nous. Passés une certaine heure et un nombre de verres très incertains, il fallait ramener mon père à la maison. Et c'est là que ma formation à la conduite prenait son sens, interdit certes, mais bien utile – je prenais alors le volant, comme on prend les choses en mains.

D'une certaine façon je passais mes week-ends à m'occuper de lui, peut-être davantage qu'il ne s'occupait de moi.

Mais il le faisait à sa manière, et à le voir essayer de bien faire, c'était comme s'il l'avait fait. Il me touchait beaucoup dans ses tentatives.

J'éprouvais un amour tendre envers lui. Il avait été Quelqu'un à une époque. Études brillantes, polyglotte, ingénieur, directeur d'une grosse boîte, passionné de Bach, charmeur… Et puis il avait encore de la gueule, il était grand, beau, il ressemblait aux acteurs américains des années 1950. D'ailleurs lorsque j'étais encore plus petit, je rêvais d'avoir un jour les mêmes mains magnifiques que lui, qui s'animaient lorsqu'il joignait les gestes à la parole. Mais avec le temps de sa propre démission, bien trop de verres en solitaire avaient fini par dévorer sa superbe. Sa vie se liquéfiait petit à petit, comme une liquidation… alors je me devais d'être solide pour nous deux.

Bien sûr que le rapport avec mon père et ses impairs m'ont précipité bien trop tôt dans un autre âge. À me responsabiliser et à m'inquiéter pour lui, je me fortifiais au rythme de ses faiblesses. Je ne regrette pas cette enfance brève que les circonstances ont façonnée, car je trouvais malgré tout le rapport à l'autorité et à l'équilibre familial au sein de ce que ma mère avait refondé avec Jean.

J'ai aimé cette émancipation prématurée, car c'est elle sans doute qui m'a donné le goût de l'indépendance et d'une certaine forme de liberté.

Jusqu'à la forme la plus charnelle…

Un soir, alors que Saïda me rejoignait pour notre rendez-vous cathodique, elle m'expliqua avoir embrassé un garçon pour la première fois quelques jours auparavant. Je devais avoir 12 ans, je ne maîtrisais pas encore toutes les nuances du baiser, mais j'étais néanmoins très surpris qu'à 22 ans elle n'ait jamais posé ses lèvres sur la joue de quelqu'un. Non pas qu'elle me tendît l'autre pour blâmer mon innocence, mais il s'agissait pour elle de me mettre en joue avant de m'initier à l'exercice de l'amuse-bouche.

Elle s'approcha de la mienne. À son regard, je pensai que j'avais un moucheron collé sur ma peau pour qu'elle agisse de la sorte… Mais il n'y avait pas le moindre insecte en vue, et ses lèvres continuaient leur course lente vers ma bouche. L'instant d'après, lorsqu'elle eut fini de m'embarrasser… j'eus l'impression de m'être fait électrocuter. Je restai interdit après qu'elle se fut autorisée à me mettre ainsi au courant.

Ce fut le premier week-end du reste de tous les autres.

Je retournai dans mon lit avec une sensation indéfinie, mêlée d'incompréhension et de conscience relative de ce qui s'était produit. Je gardai le goût de cet inattendu comme un tatouage qui venait inscrire quelque chose au plus profond de moi. Mais surtout, j'avais hâte d'être le vendredi suivant…

Une semaine passa, et j'avais l'impression qu'une année venait de s'écouler.

Après le dîner, mon père fut surpris de me voir refuser le dessert, et grimper quatre à quatre les escaliers pour regarder la télévision. Je m'installai fébrilement à attendre l'arrivée de Saïda. Après un court moment trop long… elle vint se glisser à mes côtés sans faire la moindre allusion à l'épisode initiatique de la dernière fois. J'avais beau la regarder d'un air à l'innocence relative, rien ne semblait la détourner du film qui se jouait sur l'écran.

Et puis… à défaut de bouche, je sentis sa main caresser le désir de la découverte. Elle vint la poser sur ce qu'il est convenu d'appeler mon intimité. Sans connaître véritablement la nature de ce geste, je devinais qu'il se passait quelque chose de particulier. Ne sachant comment réagir, je demeurai immobile, incapable de traduire la moindre émotion. Elle semblait aussi surprise que moi par cette main vagabonde. Elle la rappela à l'ordre, et sans dire un mot se leva pour rejoindre sa chambre.

En rejoignant la mienne je pris conscience de son inconscience.

Je profitai de la nuit pour dissiper le trouble qu'elle avait suscité, et qui allait infuser tout le reste du week-end. Elle n'osait croiser mon regard alors qu'elle avait osé l'interdit. Je ne savais pas si je lui en voulais, ou si j'en voulais… davantage. Elle avait creusé le sillon de ma curiosité dans ce champ fertile, mais j'ignorais quel serait le fruit de ces récoltes.

La semaine allait encore être longue.

Par ces épisodes, il me semblait grandir d'une année par semaine. À ce rythme j'aurais atteint l'âge adulte en quelques émois…

Le vendredi suivant répondait au même cérémonial : dîner puis mission télé. Une fois installé dans le lit de mon père, j'attendais de savoir de quelle nature serait le nouvel épisode du soir. Je ne savais pas très bien ce que j'attendais, mais je savais que je l'attendais avec une inconvenante impatience.

Elle avait pris plus de temps que les autres soirs avant de me rejoindre… à moins que ce ne fût moi qui l'espérais plus tôt. À peine avait-elle franchi le seuil de la porte que d'un simple bonsoir elle prenait congé de mon apprentissage, ou de son apprenti sage c'est selon… en allant rejoindre sa chambre. Mais avant de quitter la pièce, elle insista sur le fait qu'elle allait retrouver son lit. Elle appuyait sur les mots comme on appuie sur un bouton pour enclencher un mouvement. Il y avait de l'invitation dans cette façon de dire sans dire.

Plutôt que de me poser des questions, j'empruntai le couloir qui me mènerait vers la réponse. Chaque pas revêtait la substance d'un mot, et en marchant vers elle j'écrivais alors une nouvelle phrase de mon existence. Je ne me doutais pas que la porte me séparerait d'une partie de mon enfance, que derrière elle s'ouvriraient des chapitres entiers de mon intime.

La chambre de Saïda abritait l'antichambre de ce qui allait sans doute être à l'origine de quelques autres de mes failles.

À expérimenter trop tôt certains aspects de la vie, les souvenirs se muent en mémoire vive qui vous poursuit au-delà des nuits. Cela s'appelle probablement le trauma. Encore faut-il l'adopter pour en faire une force positive ou négative.

D'avoir été invité à la rejoindre dans son lit et d'explorer ainsi l'Origine de son monde participa à l'écriture de mon histoire. Un instant bref à découvrir des rivages inconnus m'a fait voyager au-delà du monde dans lequel j'étais logé.

L'enfant ne peut rien de plus que ce qu'on lui donne de devenir. Il demeure lorsque sa responsabilité n'est pas de mise, qu'il ne s'inquiète de rien ni de personne. Animé par une conscience inconsciente, il traverse les âges tendres avec cette naïveté qui le fait croire à l'incroyable. À la bonté infinie d'un monde peuplé de fleurs plutôt que de leurres. Et puis avec le temps, le passage des saisons le guide vers la « raison ».

J'étais devenu davantage que ce que j'étais la veille. De moins en moins petit, mais pas forcément plus grand pour autant. Avec mon père d'abord et Saïda ensuite, je suis passé d'une saison à une autre. Il ne s'agissait pas de l'automne ou de l'hiver, mais d'une autre forme de printemps qui a fait éclore une partie de ce que je suis aujourd'hui.

Il est fort probable que j'ai attendu des femmes une main vagabonde qui viendrait se perdre pour raviver cet instant figé de mon enfance. À défaut, j'ai cherché ces mains et ces femmes pour assouvir une frustration née un soir de l'une…

Elles demeurent ma demeure, cet endroit où petit déjà j'aimais me lover. Et avec la première d'entre elles évidemment, ma mère… qui se fane au fil des pages.

Comme la trotteuse qui s'apprête à faire son dernier tour d'horloge, celle qui fit de moi un fils se nourrit de ses derniers soleils. Et je ne peux maintenir ma plume en éveil à la perspective de voir le sablier de sa vie verser dans l'infini.

Maman, je ne pensais pas m'adresser à toi de la sorte dans ce livre, mais il apparaît que tes heures sont comptées désormais.

Les jours passent, et se lassent semble-t-il de t'offrir encore cette énergie solaire que tu as partagée au cours de ta vie. À la lumière de celle-ci, j'aurais tant aimé pourtant que tu lises ce que tu m'as permis de vivre, mais je te vois t'éteindre petit à petit. Alors ce petit garçon que j'étais veut t'étreindre une ultime fois.

Débarrassé de cette pudeur que l'adulte empêche, je passerai te voir ce soir. Il sera comme un nouveau jour, car lorsque la vie fragile demeure, les jours et les nuits ne s'embarrassent guère des heures.

Je t'apporterai des rayons de lune et des croissants de soleil pour te dire merci. Et comme un dernier au revoir, Zélie et Ninon, tes petites grandes filles seront là aussi avec Odile, leur maman.

Ces femmes seront à nouveau réunies autour d'un moment particulier. Les femmes d'une vie, de ma vie. Celles qui étaient là avant, aux débuts, qui sont là, et qui seront présentes à la fin. Femme/famille des mots qui sonnent d'un même air et qui se marient si bien… Au point d'avoir posé ces mots en guise de dédicace de mon premier livre, que je veux redire car ils me poursuivent et m'accompagneront encore.

À ma mère, qui a fait de moi un fils,
À ma femme qui a fait de moi un mari,
À mes filles qui ont fait de moi un père,
et à ces femmes qui ont fait de moi un homme.

Chaque visite à son chevet m'invite à raconter le ressenti de mon désarroi. Une parenthèse dans ce récit, qui ne saurait être ce qu'il est sans témoigner de ce que la vie m'a donné à vivre ces jours-ci. Elle convoque dans ces chemins ultimes ce que les enfants que nous sommes traversent en de pareilles circonstances.

J'arrive chez toi, alors que tu ne t'habites plus vraiment allongée sur tes souffrances avec ce visage qui annonce les heures à venir. Comme une horloge logée sur tes traits dessinés désormais à l'encre du destin.

Nous sommes tous réunis à ton chevet, à te veiller, à surveiller tes gestes, même si plus rien de toi ne bouge, mis à part les battements de ton cœur qui résonnent dans les nôtres.

Les mains de tous sont venues caresser les tiennes, comme pour te retenir, comme pour ne pas te laisser partir. Et je te vois serrer ce drap posé sur toi, comme si c'était le temps que tu voulais contenir. Ne pas le laisser filer et t'en couvrir encore un peu. Mais ton sommeil est déjà comme un départ. Nous sommes là à te regarder et à t'imaginer comme ces jours d'avant. Mais ton souffle traduit l'absence de ta présence, et se fait l'écho de ce que tu deviens. Te conjuguer de la sorte est une première en ces jours de dernière, mais tu demeures à tous les temps. Du passé, de ce présent qui passe, et d'un futur conditionnel qui s'écrira à l'encre des souvenirs.

C'est étrange ce qui nous est donné de vivre avec la mort. Cette procession lente et pesante dans le couloir des condamnés. Il s'agit désormais de trouver la porte à ouvrir pour t'y échapper. À chaque instant je me dis que je vais te perdre. Ton corps frêle est là, ton cœur bat encore, mais la lueur de tes yeux et la chaleur de tes mains généreuses s'est endormie déjà.

Fatiguée par tout ce que tu as offert aux autres. Tous ces autres que tu as emmenés sur les abords de ta route tracée par ton énergie contagieuse et ta générosité sans limites. Alors il est temps maintenant de t'offrir à toi et à ce repos que l'on dit éternel.

Je n'ose aller dormir, car je soupçonne que le réveil ne te sera plus destiné. Qu'à l'heure où le soleil viendra allumer le cierge de ce jour nouveau, une flamme formidable aura cessé de briller.

Je me suis réveillé ce matin en pensant que la nuit t'avait emportée. Arrivé à ton chevet tu étais là encore, immobile, au garde à toi dans ton costume d'élégance. Parée de ce que tu es, et donc vêtue de beau pour ce voyage, tu semblais prête pour un dernier salut.

Je tâcherai d'être prêt moi aussi pour saluer le cadeau que tu fus. Tu as été ce présent qui a modelé notre avenir, car l'amour que tu nous as donné a été l'ingrédient essentiel dans le rouage de nos vies.

Nul ne peut prétendre à vivre dans l'immobilisme car seul le mouvement définit notre existence. Que ce soient les battements de nos cœurs, le mouvement de la pensée, le mouvement des gestes et de la tendresse, la main qui se tend, les émotions qui nous animent. Donner à l'autre, montrer, offrir, transmettre. Tout est mouvement.

C'est cela aussi et surtout, être une mère, un père, un parent. C'est transmettre à celui ou à celle qui suit.

Tu nous as transmis tellement, à l'image de ces petits bouts de bois que tu m'as donnés. Précieux matériaux, car ils servent à allumer la flamme, à façonner nos fondations, à construire nos murs et la charpente du nid. À bâtir surtout ce que nous devenons. Grâce à eux j'ai fait pousser une forêt aux arbres géants capables de caresser les étoiles et de taquiner la Lune.

Tu avais le cœur sur la main, alors en cette veille de longue nuit, nous avons posé les nôtres sur le tien pour le sentir battre ses dernières mesures. Nous étions assis à côté de toi à t'entendre respirer cet air de circonstance.

Quelques respirations encore en guise d'adieu, et puis, nos mains dans les tiennes, doucement, la lumière qui nous a inondés de tant de tout s'est éteinte, comme une dernière étreinte... ensuite le silence, comme ultime inspiration.

Alors dans la pénombre de nos peines, je veux te dire comme je t'aime.

Te dire merci, merci pour ce tant de tout.

Merci pour ces petits bouts de bois qui étaient en réalité des petits bouts de toi.

XV

Avec cette vie qui se termine, une autre vient à naître sur les cendres des souvenirs. Ils sont la charpente de ce que j'ai à bâtir désormais. Ils m'accompagneront, comme un refuge que l'on sait présent mais que l'on ne visite pas forcément. Ils se logent dans notre chair, dans l'inconscient de ce que nous sommes.

Alors je ne vivrai pas de souvenirs, mais les souvenirs m'aideront à vivre.

Peut-être plus sereinement que ce que je lui ai fait subir à une époque… Car avec la compétition, je faisais vivre l'enfer de la peur à ma mère qui craignait le pire tous les dimanches. Un stress dominical infligé pendant une quinzaine d'années à chaque départ de course.

Mais une source d'inquiétude bien plus grande encore venait d'Éric, mon frère aîné qui fut diagnostiqué schizophrène au sortir de l'adolescence. Alors la vie s'écoulait bizarrement le long de ses berges plutôt barges, à enchaîner les comportements singuliers les uns après les autres.

De ses actes inconsidérés, ses martingales au casino qui lui faisaient perdre l'argent qu'il n'avait pas, à la gestion de son syndrome de Diogène, en passant par ses errances de toutes natures, il était triste et désolant de le voir dévaluer à chacun de ses jours qu'il pillait de ses promesses. Comme si la nuit venait recouvrir de son voile la lueur d'un bonheur possible.

Et puis un jour, au milieu de rien, il a disparu. Comme si ce n'était déjà pas assez qu'il ne fût pas tout à fait là.

Outre la surprise et les inquiétudes des premiers instants, il fallait ajouter la résignation. Il nous fallait accepter que la loi donne le droit aux adultes de s'évaporer, de n'être nulle part qu'ailleurs.

Une semaine, un mois, un an… le temps additionnait la peine de ma mère, la condamnant chaque jour davantage à l'attente. Les années s'écoulaient, et avec elles le sablier du temps sabrait l'espoir de revoir son fils vivant. Et puis à l'entame de la quatrième année, après plus de mille jours de silence il fut retrouvé. Errant nus pieds à Reims tel un sans-abri, la police l'interpella pour lui demander ses papiers. S'il n'avait point de chaussures, il avait encore moins de quoi prouver son identité. Il déclina cependant un nom d'oiseau. Non pas qu'il fût malpoli, non, mais il se fit appeler Merle. Et comme aucun volatile de cette espèce n'était répertorié dans les fichiers, il demeura encore quelques semaines à l'étrange. Et puis un matin, qui fut beau forcément, il précisa qu'en réalité il s'appelait Éric De Groodt.

À la seule évocation de son nom, l'administration locale organisa le rapatriement de ce drôle d'oiseau pour Bruxelles.

Le jour de son retour, ma mère eut l'impression de l'accoucher une deuxième fois.

C'est au réveillon de Noël qui suivit quelque temps après que je revis mon frère. Du moins ce qu'il était devenu. Il ressemblait à ceux qu'il avait côtoyés pendant toutes ces années sous les ponts de ces paris perdus. Le visage bouffi par le manque de tout ou le trop de rien, je tentais de reconnaître son visage enfoui derrière sa barbe généreuse. Il ne semblait pas malheureux de son aventure, au contraire, il en tirait même une expérience assez extraordinaire qu'il ne manqua pas de m'expliquer entre deux mouvements ballants de son corps.

Il avait disparu pour apparaître quelque part, autrement, pour ne plus exister aux yeux de proches qui ne le voyaient plus que de loin. Il avait fui tous ces regards de jugement à la recherche d'un refuge où il serait à nouveau considéré. Au milieu d'autres comme lui, il ne serait plus différent.

Il avait alors pris la route pour Paris, et les ponts de la Seine pour foyer. Au bord de l'eau et de ses remous, il avait décidé de n'avoir d'autre contrainte que celle de survivre à défaut de vivre. Il était resté là toutes ces années à regarder le temps passer, tranquille comme ce long fleuve qui lui tenait compagnie. Si sa vie avait été un échec, il avait fait des échecs une réussite. Des chevaux, des tours et de nombreux fous l'avaient fait roi dans cette arène hostile. Il s'était mis à jouer frénétiquement avec ses compagnons d'infortune, devenant ainsi un joueur redoutable.

Et puis un matin, lassé par cette vie parisienne, il monta dans un train en partance pour l'ailleurs. Ce fut Reims, non pas pour son couronnement, mais pour sa mise à pieds… nus.

À côté de ce sapin qui illuminait notre discussion, il m'expliquait en substance qu'il venait de vivre les plus belles années de sa vie. Que jamais il n'avait été aussi libre, sans abri certes, mais logé à bonne enseigne par la bienveillance de ses pairs.

Les acides et les drogues consommés plus jeune ont sans doute précipité la condition psychique dans laquelle il a évolué. De même que son penchant pour l'alcool aura eu raison de sa santé chancelante. C'est ainsi que quelques années après son retour, la police est venue un soir m'annoncer que mon frère était parti, définitivement cette fois.

Les années, comme la maladie, nous avaient séparés et je ne me sentais pas très proche de lui. Malgré cette distance, j'avais ressenti le besoin de lui écrire et de lui lire un texte à sa messe d'enterrement. Il commençait par ce constat : « Mon frère est mort »… S'ensuivit un silence, étouffé par le chagrin. En quelques mots mes larmes fraternelles venaient me rappeler le lien du sang. Pierre et moi perdions un frère, quant à ma mère, elle perdait ce fils qui s'était enfui déjà dans les affres de la maladie.

Je ne pense pas avoir pris la juste mesure de ce qu'elle avait enduré pendant toutes ces années à le pleurer. De même qu'avec Pierre, qui avait été proche de cet aîné et dont la perte venait lui ôter le complice de ses premières années.

Au lendemain de la mort de ma mère, je me suis demandé qui allait me protéger désormais. Cette pensée venue me caresser les sens me surprenait d'autant plus qu'aujourd'hui je suis un grand garçon autonome, dont l'indépendance affective à son égard avait pris ses quartiers depuis longtemps. Une conscience inconsciente venait me rappeler qu'avec son départ, et celui de tous les autres membres de ma famille originelle, il n'y avait plus que mon frère Pierre au-dessus de moi.

Nous allons veiller l'un sur l'autre désormais. Nous assurer que la mémoire de nos aïeux soit préservée à leur juste place, que leur souvenir sera notre force pour l'avenir que nous réservons à nos enfants. Nous tâcherons d'être des héritiers dignes de ce qui nous a été donné de vivre.

J'ai la chance d'avoir ce frère à mes côtés. Et un peu plus loin, ses enfants merveilleux qui composent sa famille. Avec mon métier je suis dans la lumière, mais le plus lumineux c'est lui, pétri de qualités essentielles, il fait l'admiration de tous. Musicien merveilleux, marin exceptionnel, il profite de l'existence le nez au vent et mène sa vie comme sa barque, tel un amiral de très bonne compagnie.

Sans y réfléchir beaucoup, il apparaît clairement que mon frère c'est un peu moi en mieux.

XVI

La première des femmes de ma vie s'est maintenant éteinte. Mais d'autres ont illuminé le logis de mon existence.

Qu'elles fussent présentes sur un bout de sentier, un morceau de chemin ou sur la grande route de l'histoire, chacune à leur manière aura contribué à me construire, ou me déconstruire, ce qui est assez semblable en réalité… À travers elles, j'ai connu les plus grands bonheurs mais aussi le revers de joies éphémères. Et c'est par elles en particulier que j'ai saisi la fragilité de nos vies. Par Savina, qui fut l'amireuse de mes 20 ans, et qui trouva la mort sur la route d'un soir mauvais. Une voiture à contresens, et le sens de la vie qui vole en éclats.

Lui dire à demain dans la chaleur de sa chambre au moment du bonsoir, et lui dire adieu au petit matin dans la froideur de la morgue fut l'enseignement le plus brutal qui me fût donné sur notre proximité avec la mort. Je la revois dans sa robe bleue de soirée, habillée en tenue de bal pour une dernière danse. Elle était rangée dans un tiroir glacial au milieu d'autres destinées funestes. Figée, endormie à jamais au creux de ses cheveux à la blondeur d'ange, elle serait belle pour toujours.

Un monde s'écroulait pour en bâtir un nouveau, celui d'une réalité que je ne soupçonnais pas. La réalité de l'irréel devenait une composante avec laquelle j'allais cohabiter.

Tout était donc possible, même l'impensable, pour le meilleur et pour le pire.

Je sais que vouloir tout faire, tout goûter, tout vivre, vite et beaucoup vient de là. De ce jour précis où tout s'arrêtait pour elle. Alors avant l'inéluctable, je me suis promis d'essayer tous les manèges du parc d'attractions, et de faire vite avant la fermeture, qui pouvait survenir à tout moment. Je me suis ainsi juré de mourir vivant. Mais surtout, de goûter à tous les plats que l'existence avait à nous offrir.

XVII

Cette boulimie se traduisait donc tout autant dans la vie que dans l'assiette, forcément. Alors comme ma mère faisait merveilleusement la cuisine, je ne me privais pas d'être son goûteur et son assistant. C'est d'ailleurs à la regarder faire, comme tant d'autres regards d'apprentis, que j'ai pris goût à l'élaboration de recettes en tous genres. Faire à manger à mes proches demeure aujourd'hui une passion intacte, et je crois que j'ai plus de livres de cuisine dans ma bibliothèque que d'essais ou de romans…

J'ai gardé la madeleine et j'ai viré Proust.

Et c'est avec cette même disproportion vécue enfant que je sers aujourd'hui mes convives, car il n'était pas rare que ma mère nous prépare trois entrées, quatre plats et six desserts pour être sûre que rien ne manquerait à nos bouches prétendument affamées. Du grand n'importe quoi… que je reproduis donc exactement à l'identique à chaque repas.

Ces excès de nourriture avaient forcément des conséquences… Avec les mois et les années à me remplir de ce trop de tout, je finis par ressembler à plus grand-chose, si ce n'est à une chose.

J'étais devenu gros. Le gros plein de soupe, le gros patapouf, celui qu'on appelle dans la cour de récré pour faire bouclier avec son ventre protecteur. Celui qui est moqué pour ses formes, et qui fait oublier le fond. Le gros n'est rien d'autre qu'un physique, celui du gars gras, qui génère beaucoup d'ingr'atitude…

Alors bien sûr que tout ce qui m'a animé par la suite n'était pas le fruit du hasard. Vouloir à ce point aller ailleurs traduisait une envie de quitter ce corps trop gros que j'habitais, avec ces couches qui empêchent de se rapprocher de soi.

Ce physique fut l'objet d'une expérience traumatisante.

Arrivé à un poids qui devenait lourd de conséquences, j'évitais d'exposer au regard de mes camarades de jeu mes cuisses boudinées dans un short toujours trop petit, même trop grand. Alors je me cachais dans les bois en attendant que ma mère vienne me chercher après le hockey du dimanche, et je plaquais de la terre sur cette peau tendue par les excès afin qu'elle puisse penser que je venais de courir après la balle.

Je m'interdisais toutes ces activités qui demandaient à se dévêtir pour m'habiller de ridicule. La natation, le foot, les scouts, tous ces prétextes à se retrouver en groupe me hantaient. Je me dirigeais alors vers des sports solitaires afin de me soustraire au verdict des autres, car je connaissais ma peine avant même que d'être jaugé.

Rien ou presque ne pouvait alléger les complexes qui s'affichaient sur la balance. Cependant, ce presque allait prendre la forme d'une ambition, celle de caresser l'idée qu'il me faudrait maigrir pour pouvoir un jour me glisser dans une voiture de course. Les chevaux-vapeur furent la carotte pour me décider à expérimenter un régime. Un régime moteur… J'avais bien tenté de faire attention à ne pas faire pencher la balance, mais rien ne fonctionnait. Il y avait là un paradoxe pour le pilote que j'aspirais à devenir car *gagner* n'était pas synonyme de victoire, mais bien d'un échec patent. Je devais perdre… du poids pour monter sur le podium. Au propre comme au figuré, car c'était précisément la méthode utilisée à une époque au sein de cette célèbre enseigne bien connue. Le programme de Weight Watchers comprenait effectivement ce rendez-vous hebdomadaire où il s'agissait de monter sur une balance devant tout le monde.

Si l'aiguille avait le malheur de partir trop à droite, vous vous faisiez huer pour avoir gagné quelques grammes ou kilos en plus. En revanche, si l'aiguille penchait vers la gauche pour indiquer une perte de poids, vous étiez célébré comme une rock star.

Consciente qu'il fallait m'alléger de quelques kilos afin de ne pas alourdir ma peine, ma mère me proposa de suivre les règles de ce régime très strict. Chaque pomme, la moindre tranche de pain, tous ces morceaux de viande ou ces bouts de fromage seraient désormais pesés au gramme près. Je devais me tenir à un programme réjouissant, qui était évalué par la pesée hebdomadaire en public.

Après des jours de festivités alimentaires, je montais donc sur le podium où le verdict de la balance provoquait des huées ou des applaudissements selon que j'avais pris 36 grammes ou perdu un demi-kilo de honte. Nous n'étions pas loin des jeux du cirque, mais à faire le clown sur cette piste dense où nous étions considérés comme des éléphants, je finis par maigrir et retrouvai des formes acceptables… du moins à mes yeux.

Cette phase traumatisante aura sûrement contribué à imprimer en caractères gras l'impression d'être encore et toujours en surpoids. Comme si la tête n'était plus en corps, et que celui-ci demeurerait pour la vie ce qu'il fut.

L'idée n'est pas ici de développer une thèse sur les conséquences de l'excès de chocolat ou l'abondance de fromage sur les formes de ma géométrie variable, mais de comprendre pourquoi je ne m'étais pas autorisé à séduire des femmes aux standards subjectifs de beauté et de brillance. Jusqu'à ma rencontre avec Odile…

XVIII

Lorsque j'ai commencé à goûter aux premières saveurs du succès, j'ai eu besoin de rassurer cette incertitude née de ma condition pondérale. C'est bien cela qui a alimenté, sans jeu de mots, cette nécessité quasi thérapeutique de tester une séduction rassurante auprès des femmes. La reconnaissance tardive de ce métier soufflait comme ce vent qui embrasse les voiles d'un navire, et je voguais alors en ces eaux troubles jusqu'à tenter jusqu'à l'excès le cap des espérances. Je me rassasiais d'illusions sans projet véritable, si ce n'est la possibilité d'ouvrir une porte sans pour autant en franchir le pas.

À force de jouer avec la bise, forcément il m'est arrivé de chavirer, voire de couler, emportant l'équipage et mes petits matelots au fond de l'amer.

Je regrette ce merveilleux chapitre de vie de famille, et je m'en veux d'avoir fait tant souffrir Odile et mes enfants à ces époques. Je m'en veux de ne pas avoir réussi à préserver un cadre familial classique, à maintenir cette idée de foyer qui m'avait fait défaut aussi à leur âge. Peut-être que par ces lignes elles comprendront que j'en suis profondément désolé et que je leur demande pardon…

Le temps a passé sur ces tempêtes, et j'ai l'impression que nous sommes tous parvenus à nous remettre à flot, chacun à sa manière. La vie est ainsi faite de bien des chapitres, et à force de naviguer sur les mers de mon existence, j'ai croisé à nouveau ces vagues lettres qui assemblées les unes aux autres parviennent à reformer le mot « amour ».

Je l'ai retrouvé avec plus ou moins de bonheur. Plus car il est joyeux de tomber amoureux. Moins car il s'agit à un moment de se relever de cette chute sentimentale lorsqu'elle prend les contours d'une passion dévorante.

J'avais été touché par la foudre déjà, mais j'allais à nouveau être atteint par l'éclair à la faveur d'une rencontre qui fut aussi intense que relativement brève et qui me laisserait sur la grève. Après quelques saisons à aimer et être aimé à l'abri des masques et des virus qui nous imposaient le huis clos, j'allais me retrouver échoué sur un bout de moi.

Quelques autres mois avant que les portes ne se referment sur nos désarrois contaminés par le Covid, je rencontrai les partenaires d'un tournage à venir lors d'une lecture préparatoire. Je les découvrais en même temps que s'articulait l'intention de nos personnages.

Le film promettait d'être aussi intéressant que joyeux, et je me réjouissais à la perspective de ce nouveau projet.

Peut-être aussi qu'une impatience venait s'immiscer dans cet enthousiasme, provoquée par l'une des actrices dont je venais de faire la connaissance... J'aspirais à la revoir et je décomptais les jours à envisager ces autres que je passerais à ses côtés. Mais quelque temps après cette séance de travail, mes élans furent refroidis par les conséquences de l'épidémie qui frappait à nos portes, bientôt closes. Comme d'autres, il nous fallait renoncer à notre projet, et donc à la possibilité de revoir ma future partenaire de jeu. J'en étais désolé plus que de raison car j'avais l'impression d'avoir été contaminé, non pas par ces lettres bizarres qui allaient nous pourrir la vie pendant des mois, mais par cet émoi inattendu provoqué par cette actrice.

Prendre mon mal en patience est une fonction qu'il m'est impossible à mettre en œuvre. Je me rendais compte que je ne pourrais rien prendre, ni mon mal et encore moins ma patience dans l'attente de la revoir. Il me fallait alors trouver la manière de précipiter les choses.

Je logeais à cette époque à l'hôtel de la Providence à Paris, qui se situait juste en face du théâtre où je répétais une pièce à venir... qui ne viendrait d'ailleurs que bien plus tard du fait de ce confinement généralisé. Ma maison était donc devenue cet établissement qui ne comptait que peu de clients, voire aucun autre à part moi. Il est dit que le client est roi, dans ce cas-ci j'étais bien ce monarque régnant seul en mon palais vide, de sens désormais.

Dans l'impossibilité désormais de circuler dans l'espace public, il m'était compliqué de trouver le moyen de revoir

M… Non ce n'est pas le chanteur, ni même un membre du groupe de Boney, c'est l'initiale que j'userai afin de maintenir une discrétion de rigueur à l'endroit de cette actrice. Et puis ce « M » sonne comme Aime, qui me semble de circonstance…

Il me fallait donc la revoir à tout prix. Alors sous le prétexte relativement fallacieux d'un projet que j'aurais à lui proposer, je la conviai dans une des chambres inoccupées de l'hôtel. Dans un souci de correction, j'avais effectivement délaissé mes appartements afin de ne pas mélanger les genres. C'est ainsi que peu de temps après qu'elle eut reçu mon mail en forme d'invitation, nous nous retrouvâmes à dîner un soir dans la chambre 22.

Il y a de ces rencontres qui ne s'expliquent que par les conséquences qu'elles engendrent. Entre le moment où elle frappa à ma porte, et cet autre instant quelques mois plus tard où elle la referma sur notre histoire, ma vie avait été mise entre parenthèses. Comme suspendue à ses faits et gestes, où plus rien n'avait véritablement d'importance, si ce n'est mes allées et venues entre elle et moi, entre Paris et Bruxelles. Entre Bruxelles et Paris surtout…

Je m'étais à ce point abandonné à notre histoire que j'avais délaissé l'essentiel… mes filles. Je n'entendais, ni ne voyais plus rien d'autre que les contours de M. Pour cette lettre j'avais oblitéré les autres. Z et N, Zélie et Ninon, les plus précieuses. Sans compter mes amis, qui ne me reconnaissaient plus.

L'amour qui rend fou n'est sûrement pas de l'amour.

C'est peut-être une bouée qui vient vous sauver de votre propre naufrage. Et peut-être même que ce n'est pas tant l'autre que vous aimez, mais vous-même au contact de l'autre. Il devient un miroir, un révélateur de ce qui sommeille en vous. Alors la déchirure qui survient au moment de la séparation est davantage le deuil de vous-même que de l'absence de celui ou de celle qui fut à vos côtés.

J'ai mis du temps à comprendre ce qui m'était arrivé. Peut-être plus encore à me relever de cette histoire, mais elle aura eu le mérite de me faire vivre des émotions hors normes et de m'inciter à prendre la plume pour traduire mes états d'âme. En voici les extraits. Du moins le récit de la rencontre et de la rupture jusqu'au trauma. Pas forcément le mien en particulier, mais celui qui s'invite à l'issue de ces moments venus bousculer nos sens.

Outre mille choses, je retiendrai de cette rencontre la capacité que nous avons à sombrer amoureux aux âges les plus divers. Que le sentiment de cœur vient par des chemins qui ne sont répertoriés nulle part. Que j'ai préféré avoir mal que de n'avoir rien senti, et que les échecs ne sont pas forcément porteurs de regrets. Je vous convie donc au seuil de la chambre 22, devant la porte qui ouvre sur *la rencontre*, sur le début d'une fin…

Libre à vous et à la magie du livre de changer d'étage pour vous rendre directement aux derniers chapitres de mon intime.

La rencontre

Avant qu'il y eût un début, il y avait déjà la fin...

Elle était là, tapie sous le doute.

Je ne pouvais croire que la porte qui venait de s'ouvrir, en réalité se refermait sur une vie d'avant. Elle est entrée dans cette chambre d'hôtel comme elle entrait dans ma vie. Un seul pas avait suffi.

Je savais que c'était fini.

Elle était là, en face de nous. Elle portait son sourire comme d'autres apportent des fleurs. Un sourire comme on en rencontre rarement, de toutes les couleurs, j'ai compris plus tard qu'il était aussi de toutes les douleurs.

En un instant elle s'est installée en moi. Comme si sa place lui était réservée. Épousant les formes de mon attente. De mon envie et de mon désir le plus intense.

C'était la fin.

C'était un mois de novembre, et l'automne prenait des allures de printemps. Il devait être à peu près 20 h 22 exactement... et la soirée allait se prolonger pendant des mois. Ce premier moment prenait des allures d'apparat. Tout ce que nous allions dire, faire ou penser marquait déjà nos corps, nos cœurs et nos esprits pris au piège heureux de la foudre. D'un coup elle venait de frapper à ces portes que nous avions tellement envie d'ouvrir enfin après des mois, des années peut-être de cloisonnement et d'empêchement.

Il fallait nous voir le premier instant, il était comme une promesse. Le temps d'après, juste après, nous lui faisions honneur en nous enlaçant naturellement du regard. Nos bras allaient se rencontrer aussi. Les histoires commencent toujours par le début, mais nous avions l'impression d'être là bien avant, de nous attendre depuis longtemps.

Fébriles, nous nous sommes assis autour d'une table qui nous offrait déjà de quoi nourrir notre appétit de l'autre. Elle était à ma gauche, mais je l'étais davantage. C'était dans la suite d'un hôtel au nom prédestiné. La Providence...

À défaut de manger, nous nous sommes dévorés de nos silences bavards, alors par gourmandise, par politesse ultime, nous avons présenté nos bouches l'un à l'autre dans un même élan. Et c'est avec beaucoup d'amabilités que nos langues se sont liées d'une affection immédiate.

Nous découvrions un même langage. Traduit dans la foulée par nos corps qui se mêlaient de nous. Nous y avons convoqué le cœur et l'esprit. En nous perdant nous nous trouvions l'un et l'autre, l'un dans l'autre, dans un corps à corps où l'abandon de nos âmes prenait des allures d'adoption. Comme cette aiguille qui se glisse dans le tissu. Passer le fil à travers l'autre, s'y coudre, en découdre même. S'unir, tisser un lien, une étoffe qui enveloppe, qui protège, qui réchauffe, qui embrase, trop peut-être que pour ne point brûler...

Je pensais alors que je venais de rencontrer cette part de soi qui sommeille en l'autre, celle qui fait de vous ce que vous aspirez à devenir.

Aspirer oui, engloutir sûrement.

C'était la fin déjà.

La fin d'une insouciance, la fin de journée à ne rien attendre d'un autre, la fin d'une quiétude solitaire, la fin de tant de choses, et pourtant c'était le début de tant d'autres, le début de l'amour. Un amour immédiat, fou, incontrôlable.

La fin alors de la maîtrise des sentiments. La fin de toute limite à vivre raisonnablement. La fin d'une légèreté qui accompagne les nuits et les jours. Ces nuits qui deviennent l'antichambre à l'attente de l'autre. Et les jours qui deviennent des décomptes avant de pouvoir sentir, humer et embrasser l'autre.

Je savais dès ce premier soir que je voulais aimer, m'abandonner à aimer, à l'aimer elle.

C'était elle, c'était l'évidence, c'était la providence. Je ne voulais rien de plus, mais surtout rien de moins.

Plus jamais moins, jusqu'à la fin.

Aimer c'est peut-être vouloir mieux, mais ce n'est jamais vouloir moins.

Lorsqu'elle a quitté la chambre au petit matin de ce grand soir, j'ai compris le vide qu'elle venait déjà de remplir de son absence. Une fois la porte refermée, elle manquait déjà. Ce premier au revoir allait être celui d'une longue série de lents demains à attendre de se dire bonjour.

Alors on se disait à de suite plutôt qu'au revoir, une manière de s'emparer du temps, de l'inventer à notre manière. De le recomposer comme si nous étions maîtres de la trotteuse du cadran. Un artifice qui donnait l'illusion de ne pas réellement nous éloigner de Nous.

Il n'y avait plus d'heure, que des instants. Il n'y avait plus de jours, que des moments. Nous décomptions les lunes avant d'espérer nous étreindre à sa lueur.

Mais les lunes, comme les étoiles, se meurent.

À me relire, je comprends pourquoi la douleur de la séparation fut aussi forte. En me liant à elle je me séparais d'une partie de moi. Certes une autre part d'intime émergeait de ma nature profonde, mais sans m'en rendre compte, je perdais plus que ce que j'avais à gagner. C'est peut-être dans cet équilibre ténu que l'amour fou fait place au fol amour.

Paralysé par ce semblant d'amour, je n'avais plus la capacité de grand-chose.

Alors qu'habituellement j'avais plutôt la faculté d'avoir de la suite dans mes idées, il s'agissait ici d'avoir une idée de la suite…

Suite et fin

Le huis clos de ce 8 novembre avait pour chiffre penchant le symbole de l'infini. J'ai cru alors que le bonheur d'aimer allait être notre compagnon de route pour un longtemps de vie, je ne savais pas que j'allais nourrir, en même temps que j'aimerais des mois durant, le désarroi d'une peine inconnue jusque-là.

En réalité les jours et les heurts suivants allaient additionner cette peine d'amour que j'allais devoir payer à la sortie. Une addiction salée, le condiment d'une tristesse infinie, inversement proportionnelle au bonheur vécu. J'étais loin de m'imaginer comme le cœur avait charrié mes esprits, au point de le perdre.

Il m'en aura coûté de m'ouvrir, de m'égarer en elle, de jouer et de perdre ma peau, jusqu'à la couvrir de bleus à l'âme. C'était mon âme heureuse. J'en étais bleu.

Cette histoire était de toutes les couleurs, comme un arc-en-ciel nourri par la pluie et les beaux temps que nous avons traversés.

Et puis le vent s'est levé. Elle est partie comme un courant d'air.

Et ce fut le début...

Lorsque l'autre part, qu'il décide d'abandonner le refuge, on comprend que la vie est faite de petites morts et qu'il nous faut faire le deuil du vivant.

En partant, elle me condamnait à cela. Il faut accepter de mourir pour pouvoir vivre.

Alors malgré elle, elle m'offrait de vivre une vie nouvelle. Du moins je devais l'admettre, accepter de naître à nouveau et de n'être plus ce que nous fûmes. Comprendre que désormais rien ne ressemblerait jamais plus à ceci ni à cela. Que notre abri de fortune, cet endroit précieux bâti avec le matériau de nos ardeurs, n'existait plus. Que la vie autour, le décor social, le goût de soi, le goût des autres, quels qu'ils soient, n'auraient plus jamais la même saveur. Qu'il me fallait désormais réinventer de nouvelles odeurs, de nouveaux paysages, dessiner le contour de nouveaux visages.

Mais avant de purger la peine de ce travail forcé de l'oubli, il faut se faire violence car les souvenirs affluent, ils se bousculent pour obtenir la meilleure place sur l'étal de la mémoire. Alors il en faut de la force pour oublier ses faiblesses, celles-là mêmes qui lui ont donné la force de partir.

Après des jours à devoir accepter, à chasser les idées noires de nuits blanches comme des linceuls, petit à petit, j'ai retrouvé ce que j'avais perdu. Une partie de moi.

En mémoire de mes souvenirs

Éperdument amoureux, je m'étais perdu. Perdu celui que j'étais avant. J'avais égaré mon temps consacré aux autres car je lui avais donné tout le mien. J'avais égaré mon rôle de père, mon rôle de fils, mon rôle de frère, mon rôle d'ami au profit de celui d'un amant.

J'ai dû me rendre à l'évidence que je n'étais l'architecte de rien d'autre que celui de mes illusions. Alors je me suis remis à ma planche à dessins afin de panser un nouveau pelage, faire peau neuve, car faire sa mue est une manière de se faire l'amour, propre, afin de retrouver sa dignité.

Le sentiment amoureux porte bien son nom, ce n'est qu'un sentiment. Une illusion qui ne traduit aucune véracité. Seul le mensonge est véritable, car une fois dévoilé, il apparaît implacable de vérité.

Forcément.

Il en aura fallu des larmes de peine pour m'épancher de la sorte, au point de ne pas reconnaître ce cœur blessé. Et il en aura fallu des armes pour entonner le chant des batailles, jusqu'à la victoire, jusqu'à la reconquête de soi, de son territoire et de son intégrité.

Alors avant de passer à autre chose, à d'autres battements d'elles, il me fallait comprendre le voyage qui m'avait emmené si loin de chez moi. Traduire les effets provoqués par ce séisme sentimental. Identifier les causes avant de les poursuivre et pouvoir ainsi les condamner à un certain oubli. Il me fallait admettre que j'avais été traumatisé et que les images qui venaient obstruer mes perspectives étaient figées.

Il m'aura fallu du temps pour écrire le réquisitoire de cette histoire. Du temps pour trouver les mots qui deviendraient des notes, sur lesquelles une musique viendrait m'enchanter à nouveau.

En voici le couplet en espérant ne plus avoir à déchanter de ce refrain…

Trauma

La peine d'amour est comme une sentence. Une condamnation à subir ce que les codes si vils de l'autre vous imposent.

Alors qu'hier encore il était libre de se fondre dans le sien, votre corps est désormais interdit de visite. L'esprit quant à lui est mis sous les verrous, sous séquestre. Enfermé dans les tourments de la pensée. À l'isolement complet de ses idées noires. Commence alors l'attente d'une libération, conditionnée au temps qui passe, lentement, au temps qui prends son temps, longtemps.

La douleur est de ne pas connaître la durée de détention dans la cellule de vous-même. Pour gardien sentinelle, ces images d'avant et ce point d'après qui hantent votre désarroi. L'incompréhension, la sidération même d'être contraint d'accepter cette privation de liberté d'aimer. Du moins d'être aimé.

Alors pour consolation essentielle les amis au parloir, au crachoir même que vous tenez, tant la parole devient la seule issue pour reprendre un bout de souffle à l'air libre.

Au début ils vous écoutent, ensuite ils n'en peuvent plus, alors ils ne font qu'entendre, mais c'est déjà bien. À parler d'elle vous la convoquez, elle est là, virtuelle, car la liberté de la voir, de la toucher, de lui parler, de l'embrasser vous est désormais confisquée.

Incarcéré dans une prison sentimentale, vous tournez en rond à chercher l'issue. Les portes sont ouvertes mais vous n'y voyez que des murs délabrés faisant office de miroirs.

C'est votre image qui vous est renvoyée par le prisme de vos désillusions.

Vous refaites l'histoire. Une fois, dix fois, mille fois. En abuser jusqu'à l'usure. Vous comprenez alors qu'il vous faut reprendre la plume et plonger l'encre dans vos aspirations propres, écrire votre histoire et ne plus la laisser se conter par les éléments extérieurs contre lesquels vous ne pouvez plus rien faire. Trouver le bon caractère, l'intention nouvelle, recommencer par un nouveau début. Retrouver l'envie d'écrire, d'inventer, de rêver d'une nouvelle histoire, de vous faire une raison sur les cendres de vos illusions. Bien sûr les larmes se mêlent à l'encre encore trop pâle pour imprimer une conviction. Mais à force d'écrire, la douleur fait place à la couleur de nouvelles émotions.

La tristesse alors n'est plus de vivre avec la perte de la femme que vous aimez, mais de comprendre que vous vous en allez, vous aussi. Que vous quittez petit à petit ce navire où vous étiez désormais seul à bord.

En mémoire de mes souvenirs

Vous y êtes resté un moment, pensant qu'elle allait vous rejoindre, dans un sursaut, dans une envie de reconquête, de nouvelle traversée. Mais personne n'est revenu, alors vous baissez les voiles, vous relevez la tête, et vous quittez cette embarcation qui n'a de fortune que les souvenirs qu'elle vous offre de ses promesses.

J'ai tiré bien des enseignements à l'école de ces femmes rencontrées, à moins que ce ne fût des ensaignements, tant mes rencontres furent souvent intenses. Qu'elles fussent amicales ou amoureuses, professionnelles ou de circonstance.

Cet amour des femmes demeure et je pourrais vous en parler des heures, mais je me garderai d'évoquer ces âmes heureuses qui ont été essentielles à ma construction. Il y eut des avants et des après. La vie ne fut plus tout à fait la même après avoir aimé l'une ou adoré l'autre. Et même s'il ne fut pas toujours question d'amour, la tendresse et l'affection venaient enrober la nature de mes liaisons. Comme celle qui se fane en ces jours de printemps…

Elle aurait pu être belle pourtant cette histoire née d'une rencontre sur ces « plateformes » dédiées. Elle n'avait rien de plat et les formes convoquaient le fond. Oui, je m'étais essayé aux applications de rencontres, et après avoir essuyé bien des commentaires sur les raisons de ma présence en ces lieux, j'échangeais une correspondance de plus en plus soutenue avec le symbole même du romantisme amoureux.

Il ne s'agissait pas d'une Juliette, mais bien de Valentine qui s'étonnait de voir mon profil apparaître dans ses critères de recherche.

Je dois bien avouer que je me faisais appeler Archibald tout en postant une série de photos de ma pomme. Ceci avait expliqué cela… et le sujet de nos premiers échanges portait donc sur cet Archibald archi faux. Peut-être qu'en réalité je n'assumais pas l'idée de me présenter en ce drôle d'endroit pour une rencontre.

Après plusieurs jours d'effeuillage virtuel, nous décidâmes de nous rencontrer dans la vie réelle. Et ce sont de belles pages réelles de vie que nous avons écrites ensemble pendant deux ans.

De cette application de rencontres était née une rencontre, qui à défaut d'être appliquée, fut tendre et merveilleuse.

XIX

Peut-être que l'histoire précédente vécue avec M. aura recouvert d'un voile de protection ma capacité à aimer bien et mieux Valentine. Et peut-être aussi que partir au bout du monde au lendemain de notre rupture fut comme un autre voile aux vertus protectrices, car entre la mort de ma mère et la petite mort de notre histoire, il en fallait des ressources pour continuer à écrire et trouver l'intérêt de coucher sur ce papier ce qui m'avait éveillé ici et là. Trouver le fil et le tirer jusqu'à tricoter cette inspiration qui finirait par ressembler à une étoffe, ou pas… Car il s'agit de saisir l'idée qui vient se glisser entre deux pensées et de la choyer précieusement de peur qu'elle ne s'envole. Elle demeure, jusqu'à ce que l'intrus vienne bousculer cette rencontre fortuite tant espérée.

Comme avec ces pensées noircies par le chagrin, ou d'une façon bien plus banale, comme avec ce livreur impromptu qui veut livrer et qu'il faut délivrer. Comme cette batterie qui menace votre ordinateur d'extinction et pour qui il est urgent de sonner la charge. Et puis comme ce téléphone aussi, qui à force de sonner là dans le vide, se met à hurler de plus en plus fort de peur qu'on l'oublie. Alors on prend le risque de faire une pause, de prendre une grande inspiration en laissant l'autre plus inspirante nous attendre, conscient de la perdre peut-être et d'égarer son souffle.

C'est le ton, assorti au timbre de sa voix qui ce matin-là eut raison de ma journée d'écriture. Deux minutes de discussion auront suffi à balayer le petit fil que j'étais parvenu à débobiner pour en découdre avec ce chapitre. Entre les rendez-vous contés dans ce livre et celui qui m'était proposé en ce petit matin, un monde allait s'offrir à moi, comme une échappée aux peines qui m'étaient fraîchement imposées.

Quelques mots suffirent à tracer un sourire sur ce visage qui en avait perdu la trace, et la perspective de m'envoler en Terre inconnue me procurait en ces temps de pleurs une joie intense. De celles qui vous libèrent du poids trop lourd de sentiments trop enfouis.

J'allais donc m'envoler pour l'Amazonie !

Prononcer ce mot fut déjà un voyage à lui tout seul ! Quel cadeau inestimable que de pouvoir partir à l'autre bout de la terre avec une valise remplie de gratitude pour aller à la rencontre d'autres mondes et d'autres soi-mêmes…

Quelques chapitres plus tard, et me voilà revenu d'une terre plus ronde, de cieux aux couleurs nouvelles, et de soleils neufs rencontrés dans le regard des Indiens qui furent nos hôtes.

Je ne m'étendrai pas sur les détails de ce voyage car les équipes merveilleuses de tournage se chargeront de le faire en temps voulu, mais ce qui est certain, c'est qu'après avoir vécu cette expérience hors du temps, je suis désormais un peu plus ailleurs qu'au même endroit avant de partir…

C'est peut-être ce qui aura conditionné bien des élans au cours de ma vie, aller quelque part sans savoir véritablement ce qui m'attendait. Mais y aller surtout, avec l'idée d'atteindre un objectif sans en mesurer toutes les conséquences.

Avancer toujours, aveuglément parfois…

Penser avant et réfléchir après, comme si la pensée me permettait de tracer les grandes lignes de mes ambitions, et que la réflexion se chargeait ensuite de l'analyse. À trop intégrer cette dernière, survient alors la perspective du jaugeage, de l'évaluation des risques, de la raison, d'une certaine morale, du bien-fondé et de toutes ces choses qui parfois empêchent, ou protègent.

C'est assurément dans cette dynamique que j'ai envisagé les « sommets » sans trop penser aux conséquences de l'escalade elle-même. À l'image du funambule qui regarde au loin plutôt que le bout de ses pieds. Ne pas regarder le vide, mais bien ce qu'il y a à nous emplir, au risque de déborder.

En mémoire de mes souvenirs

Lorsque je parle de sommet je n'évoque pas la réussite, mais bien l'objectif. D'ailleurs, qu'est-ce que réussir… atteindre la crête pour redescendre ensuite ? Sûrement pas, je crois que l'idée même de l'atteindre, l'envisager et s'en donner les moyens en est une en soi.

Au jour du dernier souffle la question se posera. Observer l'escalade de sa vie et se demander alors si la réussite fut au rendez-vous. Faire les choses sans penser aux conséquences ou aux efforts à fournir pour atteindre son but. C'est peut-être cette forme d'inconscience qui donne l'impulsion aux challenges que l'on se lance, et puis sûrement tous ces rendez-vous que l'on se donne en des terres inconnues…

XX

À respecter les consignes émises par Édouard Baer de s'en tenir au programme du Grand Mezze au théâtre du Rond-Point, aurais-je battu le record du monde de « la personne qui reste sur une scène le plus longtemps possible sans parler » ?

À considérer l'impossibilité de pénétrer la cérémonie des Césars sans invitation ni accréditation à une époque où je n'étais pas encore dans ce monde, me serais-je autorisé à m'introduire au théâtre du Châtelet avec ma petite caméra pour filmer toutes les coulisses de la soirée ? Et surtout, aurais-je imaginé qu'à la suite de cela, Canal+ Belgique s'emparerait de ces images inédites de Gad Elmaleh en maître de cérémonie pour les diffuser quelques jours plus tard… ?

Aurais-je réussi le pari de rouler seul pendant 24 heures lors d'une course de karting d'endurance si j'avais trop pensé aux conséquences physiques et aux défis à relever pour tenir aussi longtemps derrière un volant ?

Et ces « confi*N*ures » créées pendant le confinement, les aurais-je produites si j'avais pris la mesure des démarches à entreprendre durant cette période pour convaincre ces actrices et ces acteurs de me confier leurs recettes ? Aurais-je imaginé qu'ensuite cette gamme de confitures serait vendue au profit d'une œuvre avec autant de succès que de gourmandise ?

Et si j'avais su que le ridicule pouvait tuer toute crédibilité, me serais-je fait passer pour ce que je n'étais pas afin de rencontrer Laetitia Casta ? À défaut de m'allonger, je me dois de m'étendre sur les détails de cette histoire…

C'était il y a bien longtemps, du temps où elle allait faire ses premiers pas sur la Croisette. Et comme je voulais la croisette moi aussi, je m'étais mis en tête de me faire passer pour un journaliste en vue de l'interviewer… pour espérer ensuite me marier avec elle au large de l'Azur, avec sa côte pour témoin.

C'est donc dénué de tout sens commun que je descendis à Cannes accompagné de mon ami Pierre. Il jouerait le rôle du faux caméraman, pendant qu'avec le micro je tendrais la perche à Laetitia.

À peine arrivé, je découvris que je n'étais pas seul à vouloir aborder la Corse. Une marée humaine nous séparait de mes intentions, et le ressac formé par ces gens me faisait naviguer d'avant en arrière. Il me fallait donc me battre contre les éléments pour ne pas être emporté par la houle, et espérer approcher ainsi la nouvelle star.

Au fil des vagues, Laetitia prenait le large pour rejoindre son hôtel, comme on retrouve la terre ferme et rassurante. Et d'un même élan, je continuais à la suivre fermement vers cette terre avec une insistance qui n'avait sûrement rien de rassurant. Par je ne sais quel argument, je parvins à convaincre le portier de me laisser passer, et c'est ainsi qu'après des heures de course-poursuite je me retrouvai devant l'ascenseur, nez à nez avec l'égérie L'Oréal.

Elle me regardait avec surprise, m'invitant à lui poser les questions qui devaient forcément me brûler les lèvres. Paralysé par l'émotion, ce sont mes ailes que je brûlai sur le bûcher d'une vanité relative. Incapable de réfléchir, je lui demandai alors ce qu'elle aimerait que je lui pose comme question. Dans un sourire qui en disait long, pour faire court elle s'engouffra dans cet ascenseur qui allait lui permettre de prendre un peu de hauteur. Celle-là même qui m'avait tant fait défaut.

Convaincu qu'elle avait été charmée malgré tout par ce rendez-vous manqué, j'allai acheter le plus beau des bouquets que je déposai à la réception de l'hôtel à son attention, sans omettre d'y glisser mon 06…

Des années plus tard, sans réponse à mon intention fleurie, je racontai cette histoire à Odile. Elle était aussi amusée que pleine de compassion pour la pauvre bête que je fus, et qui avait imaginé séduire la belle de la sorte. Ce qui l'amusait un peu moins, c'était l'éventualité que je la recroise sur ces plateaux de tournage que je fréquentais de plus en plus, et que la flamme qui avait échauffé mes ambitions puisse se rallumer à son contact.

Je la rassurai en lui précisant qu'au vu de mon statut d'alors, il était peu probable que nos trajectoires professionnelles puissent se croiser un jour. Et surtout, que mon cœur épris n'était plus à prendre désormais.

Quelques rôles et années encore plus tard, Diane Bertrand m'engageait dans *Baby Blues*, le nouveau film qu'elle s'apprêtait à réaliser avec Karine Viard et Stefano Accorsi… qui n'était autre que le mari de Laetitia !

La prédiction d'Odile selon laquelle j'allais la croiser après la Croisette semblait se réaliser. Et même si ce n'était pas sur un plateau de cinéma, la rencontre me serait servie indirectement sur un plateau par mon partenaire de jeu qui me proposa de dîner tous ensemble à la fin du tournage afin de célébrer notre amitié naissante. Mes ardeurs pseudo-amoureuses s'étaient bien sûr évaporées, et c'est avec beaucoup d'humour et de compassion pour moi qu'Odile accepta l'invitation à dîner chez eux.

Si mon cœur n'avait plus rien à dire, il avait fort à faire. Il battait la chamade à la perspective cocasse de me retrouver dans l'intimité de Laetitia après l'épisode cannois.

Dès la première sonnerie, Stefano vint ouvrir la porte de leur demeure, et je demeurais complètement sonné moi aussi par la situation. C'est à peine si je parvins à lui présenter Odile tant mon regard se figeait sur la silhouette qui se tenait en haut des marches. Gauche et maladroit, j'ai le souvenir de lui avoir dit bonsoir les yeux en l'air, comme si j'embrassais une colonne Morris ou que je regardais le 6ᵉ étage de la tour Eiffel.

Je ne savais que faire de cette situation surréaliste qui se prolongea quelques heures encore lorsque nous nous retrouvâmes assis à quatre dans leur cuisine à deviser de tout et de rien.

Pour ma part c'était plutôt de rien… et surtout de rien du tout de l'aventure cannoise, qui ne semblait pas lui avoir laissé le moindre souvenir !

Des années après avoir tenté d'arracher quelques mots à Laetitia Casta, star de la Croisette, je me retrouvais à manger ses pâtes aux tomates, dont la couleur s'accommodait merveilleusement bien avec le rouge de mes pommettes. Il n'était plus question de star, mais simplement d'étoiles contenues dans nos assiettes. J'avais fait tout un plat pour la rencontrer, mais c'est bien elle qui me le servait avec une simplicité désarmante.

Aujourd'hui je repense à cette histoire avec le sourire. Si ma quête fut ridicule, elle en disait long sur toutes les envies qui nourrissaient mes élans plus ou moins réfléchis. Plutôt moins d'ailleurs…

Et que dire enfin de cette expérience extraordinaire ?

Si j'avais pris la mesure de ma requête auprès du team Alpine de Formule 1, me serais-je retrouvé à piloter la voiture d'Esteban Ocon sur le circuit de Monza ?

Ces bolides sont réservés à l'élite mondiale, et seule une poignée de pilotes a le privilège de piloter ces voitures hors normes. Alors pourquoi, et comment surtout me suis-je retrouvé assis sur mille chevaux ?

C'est lors d'une conversation totalement anodine avec le responsable communication de la marque, que je suggérai avec humour de me faire essayer la F1 de leur team. Je demandai cela sans aucune conviction, tant ma demande venait d'ailleurs et allait forcément nulle part. Sur ce même ton badin j'aurais pu lui demander l'heure ou lui réclamer un autre café. Je pensais d'ailleurs avoir plus de chance d'obtenir un expresso que le baquet d'un bolide. Sa réaction fut aussi étonnante que ma question. Contre toute attente il marqua un intérêt particulier pour ma requête, me précisant que si je parvenais à monter une opération médiatique autour de ce projet, il pourrait considérer sérieusement ma proposition.

À peine sorti de notre réunion je laissai un message à Maxime Saada, que je connaissais donc de mon époque Canal+ et qui était désormais aux commandes du groupe de la chaîne cryptée. Je lui proposais de réaliser un documentaire sur ma vie d'avant et celle d'aujourd'hui, avec en guise de cerise sur cet énorme gâteau, à moins que ce ne fût le gâteau sur la cerise, la possibilité de rouler en Formule 1 !

Il ne semblait pas comprendre précisément où je voulais en venir, mais il savait que je voulais aller quelque part…

Son sens de l'action, du défi, et la confiance qu'il m'accordait s'additionnaient pour me donner son accord sur la réalisation d'un film de 52 minutes. Il m'en fallut beaucoup moins que ça pour annoncer la bonne nouvelle à Alpine, et à David Gendry en particulier. C'était lui qui avait pris l'initiative d'accepter ce baptême hors norme, lui qui me donnerait la possibilité de goûter à ce rêve d'enfant devenu avec les années totalement improbable.

Il m'avait détaillé dans la foulée un programme d'entraînement précis que je devrais respecter scrupuleusement afin d'être prêt pour le jour J. Rien de contraignant… dans la mesure où il était question d'effectuer de nombreuses séances d'essais sur le circuit du Castellet avec toute l'équipe de l'école Winfield. Exactement le genre de programme auquel j'avais rêvé de prendre part alors que j'étais apprenti pilote. En parallèle, il me fallait mettre en place une équipe de production qui assurerait le tournage de ce documentaire si particulier pour moi.

Quelques mois auparavant, j'avais tourné le film *Champagne* de Nicolas Vanier. Ce tournage à l'ambiance très festive avait scellé une amitié joyeuse avec Radar Films, la société de production chargée de ce long métrage. C'est donc dans ce même élan complice qui nous avait animés pendant des mois dans les vignes champenoises, que tout naturellement je leur proposai de quitter les champs de raisins pour les champs de course. Clément Miserez, Matthieu Warter et Candice Vigneron s'associèrent ainsi à mon projet qui avait pour ambition de résumer cinquante années d'une vie en 52 minutes.

À peine une heure pour comprendre comment mon cœur s'était animé pour battre de la sorte. Pourquoi ses pulsations étaient à ce point conditionnées par ce besoin presque vital d'adrénaline. J'espérais que ce film puisse illustrer fidèlement ce pourquoi et ce comment. Il revêtait quelque chose d'essentiel. J'avais la chance de pouvoir me raconter « de la piste aux étoiles » sur la chaîne qui m'avait déchaîné. Alors il me tenait à cœur de donner raison à Maxime de m'avoir fait confiance sur un simple coup de fil, car je crois que j'avais rêvé de ce film depuis que j'étais tout petit…

Ce n'était pas juste une voiture dans laquelle j'allais rouler, c'était l'illustration, peut-être, qu'il n'y a pas d'âge pour vieillir, enfin, je veux le croire. Croire que tout est possible, toujours, pour autant que demeure l'âme de cet enfant que nous fûmes et qui porte un regard sur la vie que nous lui avons promise.

Ces promesses ont été conditionnées par la rencontre de celles-ci et puis de ceux-là, alors je tenais à ce que deux d'entre eux participent également à la narration de cette histoire. Claude Lelouch, qui en réalisant *Un homme et une femme* me faisait découvrir Jean-Louis Trintignant, et puis Jacky Ickx, l'un des pilotes les plus capés au monde.

La présence de ce grand champion belge dans mon documentaire revêtait une signification toute particulière.

Il y a longtemps déjà, du temps de moins de tout, il avait ébloui mes yeux d'enfant par les contours de tout personnage qu'il incarnait au faîte de sa gloire. Il m'avait fait comprendre que s'il n'était pas un gentleman driver, il était assurément un driver très gentleman. Il incarnait une classe d'un autre siècle.

Alors à l'observer sur la plage de Knokke-le-Zoute avec sa femme et ses deux filles, j'avais l'impression de voir la famille Kennedy déambuler devant moi. Une image d'Épinal à la beauté subjective se dégageait de ce cliché figé dans ma mémoire vive, faisant de lui le héros d'un dessein animé.

S'ils avaient accepté tous les deux de faire partie de cette aventure, Jacky se proposa aussi de m'accompagner à chaque étape importante du film. C'est ainsi que lorsque Alpine me confirma la date de mon baptême sur le circuit de Monza, il fut à mes côtés lors de mes premiers tours de roue au volant d'un Formule 1.

Les années n'avaient fait que polir davantage encore l'éclat de ce personnage hors du commun. Et s'il m'avait fait le cadeau de nourrir mon rêve, j'étais heureux de pouvoir le déballer et de le goûter enfin à ses côtés. Une gourmandise partagée en cette journée particulière avec Julien Fébreau, formidable commentateur des GP sur Canal, ainsi qu'avec Jacques Villeneuve, fils de Gilles, vous savez, celui qui me donna envie de piloter après le crash de sa voiture…

La boucle du circuit était donc bouclée.

XXI

Que n'ai-je pas fait pour me prouver que je pouvais faire…

Que ce fût ceci ou cela, il me fallait faire. Faire la cuisine, faire l'acteur, faire des courses, faire le comique, faire le GO au Club Med, faire des affaires… Encore aujourd'hui j'ai besoin de toucher à tout, de caresser toutes les disciplines, d'essayer, d'envisager, de me projeter, et de rêver… toujours.

Comme pour me débarrasser de ces complexes qui m'avaient accompagné des années, je me devais de prouver que je pouvais faire mieux que bien, que je pouvais bien mieux faire d'ailleurs que simplement bien. Avec l'illusion sans doute que les autres m'aimeraient davantage.

Quelle erreur de penser que le meilleur serait aimé plus que les autres !

L'espace d'un instant, peut-être, mais ce n'est pas ça l'amour. L'estime oui, peut-être, mais pas l'amour non. Aujourd'hui je préfère être sincèrement mauvais que faussement bon. Ou alors sincèrement bon si vraiment je peux choisir…

J'ai tant cherché à être aimé que j'en ai perdu parfois la raison en cours de route. Alors j'ai fait demi-tour pour essayer de la retrouver sur le chemin.

En cherchant toujours à faire bien et à faire mieux, je n'ai plus l'angoisse de faillir à mon ambition. Il m'importe moins de lire ou d'entendre, de voir ou de comprendre que je ne plais pas ou pas assez.

Sur l'esplanade des sentiments je veux aller là où l'on m'attend, ne plus forcer à me rendre en ces endroits qui vous mettent à l'envers et contre tous. Ne plus entrer par effraction en des cercles qui vous font tourner en rond, à l'image de ces portes que l'on force, à doubles battants, avec le premier qui ouvre sur l'autre et l'autre qui se referme sur soi. Ne plus être entre ces deux portes, entre deux chaises, entre deux eaux. Être soi, avec soi, avec soin. Être là, ou là, mais pas là et là à chercher le rayon qui pourrait éclairer, car à trop chercher ce *rayon looser* on en devient luisant.

Je vous dis cela en toute franchise alors qu'en ce moment je vis de mes mensonges… du moins d'une *Vérité* qui se joue tous les soirs au théâtre Édouard-VII. Écrite par Florian Zeller, cette pièce dont le personnage fut interprété il y a quelques années par Pierre Arditi…

Et voilà que ce rôle magnifique m'est proposé dans ce lieu chargé d'histoire où je découvrais cet acteur merveilleux en même temps que les fantômes qui l'habitent.

Reprendre sa partition aux côtés de Sylvie Testud, de Clotilde Courau et de Stéphane Facco fut pour moi un honneur et une lourde tâche, car ce n'est pas rien d'endosser le costume de ces comédiens qui vous inspirent. Davantage encore lorsque le temps devient l'entremetteur d'élans partagés.

Il m'offre ainsi à repenser à ce coin d'ombre depuis lequel j'observais de loin le jeu des uns et des autres. Blotti dans l'exigu de cette remise, je ne pouvais imaginer alors que ces acteurs que j'admirais puissent un jour me donner la réplique. Outre Pierre Arditi, il y avait aussi François Berléand, ou encore André Dussollier. Ces répliques furent sismiques car ils me confièrent bien davantage que cela, ils m'offrirent leur amitié. Chacun à sa manière, mais avec ce lien commun fait d'une tendre et précieuse complicité.

À travers l'écran ou la toile, dans l'arrière-cuisine, derrière le rideau ou les coulisses de ces univers, il y en avait du monde qui convoquait le mien. Mais ceux qui l'habitaient étaient bien trop en haut de l'affiche pour les approcher avec mon échelle d'alors.

Sur mon trépied d'aujourd'hui j'ai la chance de partager des moments rares avec certains d'entre eux, toutes fonctions et métiers confondus. Ces proximités continuent de m'éblouir, comme un enfant que je demeure et qui croit à ces pères Noël de circonstance.

Dans cette forêt de sapins enguirlandés, il y a des personnages que je ne peux pas ne pas mentionner ici, comme Danielle

Thompson, qui fit le succès de quelques-uns des films de De Funès avec son père Gérard Oury. Elle était pour moi la femme qui avait vu l'homme… ce Louis qui m'avait donné l'envie de jouer la comédie. Et puis un jour, c'est devenu l'amie, depuis sa présidence en 2015 du Festival du film policier de Beaune où je faisais partie de son jury.

Composé de quelques personnalités du métier, nous sommes devenus avec le temps et nos dîners trimestriels immuables depuis dix ans, une bande d'amis précieux. Elle compte parmi d'autres Elsa Zylberstein qui est un peu ma Claude Gensac tant elle fut ma femme de nombreuses fois à l'écran. À l'instar de celle de Louis, encore lui…

J'aimerais évoquer bien d'autres rencontres, qui sur le métier ont tissé des liens précieux. Et puis surtout vous parler de ces êtres de l'ombre qui illuminent mes jours divers, mais la maladresse de l'oubli de certains dans ce genre d'exercice rendrait l'exploration périlleuse. Ou pire encore, lui ferait ressembler à un défilé de monde que je me refuse à entreprendre.

Alors reconnaissez-vous toutes et tous entre ces lignes qui vous sont dédiées et qui disent mon amitié, mon amour et mon attachement à votre endroit.

XXII

Écrire ces pages fut comme une traversée, une ascension même, et avec mon stylo en guise de piolet j'ai escaladé les phrases critiques de ce que je voulais exprimer. Comme une correspondance que je devais m'adresser avant de la partager et de la poster dans cette boîte à l'être.

Et si la mémoire agit comme un album de souvenirs, j'aimerais longtemps encore feuilleter les pages de cette aventure de vie. Me rappeler les premiers feuillets où je rêvais de voler, et ces autres en forme d'ailes qui me permirent de côtoyer les nuages et de leur faire les cieux doux.

Car vous l'aurez compris, il y en eut des tempêtes dans le ciel de mes pensées, et je n'aurais jamais imaginé que le poids de ces mots qui furent si lourds de sens, viendrait me servir de trait d'union pour emboîter le pas de ces autres que je voulais suivre. Qu'ils fussent de la race des champions ou de la grâce des artistes.

Expliquer le problème n'apporte pas forcément la solution, mais le formuler permet de l'envisager, de l'appréhender et de comprendre les contraintes qu'il suscite. Ensuite il s'agit d'essayer d'en faire bon usage.

Alors à force d'en user, il devint comme une réponse à l'écho qui résonnait dans le vide de ces années d'apprentissage.

Car il m'en a fallu du temps pour découvrir les raisons de mes contresens, pour savoir pourquoi j'écrivais à l'envers et pensais à l'inverse. Avec ma dyslexie, je baignais dans une rivière que je tâchais de remonter à contre-courant de mes semblables, tel un saumon éperdu qui cherche à se reproduire. Pour ma part, je cherchais juste à me produire, et c'est cela sans doute qui a conditionné le parcours que j'ai tenté de dessiner avec ce livre.

Beaucoup d'eau a coulé ainsi sur les rives de ces eaux vives, et je n'aurais jamais imaginé trouver autant d'encre pour alimenter la plume de mon intime. Et pourtant elle coulait de source, sûre de ce que j'avais à dire pour comprendre ce que j'avais eu à panser au fil de ces années.

Encore quelques lignes à poser ci et là, et puis je laisserai à la vie le soin d'écrire les chapitres qu'elle me réserve encore. Je tâcherai de répondre à ses convocations, désormais d'autres natures, au vu du sablier qui s'est inversé. Mais il reste cependant des grains de sable, des grains à moudre, suffisamment pour nourrir d'autres espoirs, d'autres envies, d'autres amours, d'autres lunes à explorer et d'étoiles à décrocher.

Il en manquera cependant pour imaginer comme jadis des plages infinies bordées de mers aux horizons lointains, car avec le temps, sa ligne s'est rapprochée inexorablement.

Aujourd'hui elle me nargue et m'invite à la franchir en guise de ligne d'arrivée.

Et c'est bien la fin d'un cycle auquel cette ligne de mire me convoque. La fin du livre qui approche, et avec elle d'autres chapitres de vie qui se ferment à jamais. Comme celui qui s'écrivait il y a quelques pages encore avec la présence de ma mère et qui au fil des mots et des mois s'en est allée.

J'ai commencé ce livre avec ses souvenirs, et je le termine en sa mémoire car je ne suis désormais le fils de personne. Plus personne à visiter qui soient mes aînés, à toucher, à embrasser de brassées filiales. Seul mon frère Pierre demeure… comme une demeure en pierre.

Précieuse…

Moi qui ne comprends pas le présent, qui ne peux le saisir car je l'estime déjà logé au passé, j'aimerais le convoquer pour l'enfermer et le garder à l'œil. Profiter de la présence du présent pour voir à quoi il ressemble et écouter ce qu'il aurait à me dire sur son avenir… mais à peine lui aurais-je mis la main dessus qu'il se serait envolé.

C'est bien pour ça que j'ai du mal à en profiter, à m'y attacher. Il me rend triste car dès son arrivée il faut déjà s'en séparer.

La preuve…

Peut-être suis-je habité par cette notion relative du temps qui trépasse, par cette idée que ce qui est à venir n'existe pas encore et que ce qui est passé n'existe plus. Et de me demander alors ce qu'il nous reste si le présent n'est déjà plus là ?! Ce n'est pas un hasard si j'ai écrit *Un léger doute*, pièce de théâtre dont le thème principal fut bien ce présent, ce temps zéro qui pour moi n'existe pas. Ou alors dans l'infini de l'immobile, le présent pour toujours dans cette éternité qui abrite la mort. J'aimerais pourtant être capable de jouir de l'instant, d'autant que pointe à l'aube de l'année qui vient la fin de la cinquantaine, et avec elle la promesse de bien trop de bougies à devoir éteindre. Comme l'incendie de ma nouvelle condition, je devrai compter les flammes de ma vie avant de souffler sur une époque.

Comment envisager désormais ces années à venir alors que les fondamentaux ont été exaucés ? Les enfants, la famille, les rêves de vie, les envies d'ailleurs, les amis, les amours… ?

Il s'agira d'employer le temps qu'il reste sans être dépassé par ce passé composé. De considérer l'avenir comme autant de jours à faire la vie. D'essayer de retenir chaque instant, même s'il s'enfuit entre mes doigts de plus en plus fragiles.

Mais si l'esprit persiste et que le coeur demeure, alors tout est encore à gagner. S'il bat pour se maintenir en mouvement, pour choyer mes enfants et aimer mes amours, alors rien n'est perdu.

À refermer bientôt ce livre, voilà que déjà l'envie me prend d'en ouvrir un autre et de me saisir de la plume pour écrire la suite de nouvelles aventures. Ce besoin permanent de vouloir remplir l'espace-temps. Plus par crainte d'une non-vie que de la mort. D'ailleurs je pense ne pas en avoir peur. Comme elle viendra demain, il me reste aujourd'hui… et dans cette perspective, je dirai à mes proches de ne pas pleurer, de ne pas être triste, car après avoir vécu mille vies, je pourrai bien mourir une fois.

Même si je n'aime pas les fins, je ne suis pas confortable non plus avec les débuts. Alors je considèrerai le milieu, comme le pain, plus tendre et savoureux. Et à l'heure où les jours ne compteront plus, je me poserai la question de savoir si au milieu du tumulte de la vie, le bonheur m'aura rendu heureux. Vaste question dont la réponse se nourrit d'une vie pour se formuler.

Aujourd'hui je sais que je suis heureux d'avoir côtoyé le bonheur par instants. Il ne s'est pas toujours attardé auprès de moi, mais il a posé quelques caresses qui m'effleurent encore, comme ce vent léger qui vient embrasser de sa douceur les contours de l'âme.

Et enfin, si d'aucuns se demandent pourquoi commettre ce livre à un âge pas encore tout à fait avancé, je leur dirais qu'avec le temps qui passe, j'ai préféré écrire en mémoire de mes souvenirs qu'en souvenir de ma mémoire…

Pour m'avoir accompagné dans les méandres de ma mémoire et de m'avoir permis d'y cueillir les souvenirs les plus enfouis, je tiens à remercier ces unes et ces autres.

Mon éditrice Muriel Beyer, qui fut la première à croire en mon aventure d'écriture.

Emma Saudin, à mes côtés dans le cheminement de cet ouvrage.

Catherine Siguret, qui a retrouvé les éléments de ma mémoire vive.

Alain Ichou et Maïa Gros qui, depuis l'ombre, ont la charge de mettre ce livre en lumière.

Et puis toutes celles et ceux qui font partie des Editions de l'Observatoire et qui ont contribués à leur manière à l'existence de ceci.

Et enfin mon chien Jack, qui est à mes pieds,
davantage par confort qu'en signe d'admiration.

Composition et mise en pages
Nord Compo à Villeneuve-d'Ascq

Achevé d'imprimer en septembre 2025
sur les presses de Normandie Roto Impression s.a.s.
61250 Lonrai
N° d'impression : 2503805

Imprimé en France

PEFC
10-31-2541
Promouvoir la gestion durable de la forêt
www.pefc-france.org